西安城墙

厚城长宜
人文昌

王肃 杜德新 陈琛 裴佳玮 著

丝路物语书系
主编 李炳武

西安出版社

图书在版编目（CIP）数据

厚城长宜人文昌：西安城墙 / 王肃等著. —— 西安：西安出版社，2021.12（2024.4重印）
ISBN 978-7-5541-5795-4

Ⅰ.①厚… Ⅱ.①王… Ⅲ.①城墙-古建筑-介绍-西安 Ⅳ.①K928.77

中国版本图书馆CIP数据核字(2021)第248143号

厚城长宜人文昌

西安城墙

HOUCHENG CHANGYI RENWENCHANG
XI'AN CHENGQIANG

著　　者：王　肃　杜德新　陈　琛　裴佳玮

出 版 人：屈炳耀
策　　划：李宗保　张正原
项目统筹：张正原
责任编辑：张正原　路　索
美术编辑：李　坤
责任印制：尹　苗
出版发行：西安出版社
社　　址：西安市曲江新区
　　　　　雁南五路1868号影视演艺大厦11层
电　　话：（029）85253740
邮政编码：710061

印　　刷：三河市华东印刷有限公司
开　　本：787mm×1092mm　1/16
印　　张：16.75
字　　数：170千
版　　次：2021年12月第1版
印　　次：2024年4月第2次印刷
书　　号：ISBN 978-7-5541-5795-4
定　　价：78.00元

如有印刷、装订问题，本社负责另换。

序一

阅读文物 拥抱文明

郑欣淼

文物所折射出的恒久魅力，已为越来越多的人所认识。今天呈现在读者面前的这部"丝路物语"书系，就是这一魅力的具体体现。

"让收藏在博物馆里的文物、陈列在广阔大地上的遗产、书写在古籍里的文字都活起来。"（习近平语）党的十八大以来，习近平总书记担负着实现中华民族伟大复兴的历史重任，饱含着对传统文化的深厚感情，让文物活起来始终为其所关注、所思考。让文物活起来，就是深入挖掘文物的内涵，充分发挥文物的作用。中国文物是中华民族的文明印记和精神标识，是全体中国人乃至全人类的珍贵财富；它对于激发人民群众对中华优秀传统文化的了解、认同和热爱，坚定文化自信，汇聚发展力量等作用是不言而喻的。

近年来，一些优秀的文物类书籍、综艺节目、纪录片、文化创意产品等不断涌现，文化遗产元素成为国家外交的桥梁，文物逐渐成为"网红"并受到越来越多年轻人的青睐，这些都充分彰显着"让文物活起来"已逐渐从理念转化为行动，那些在历史长河中积淀下来的文物珍存正在不断走近百姓、融入时代、面向世界。

说到文物，不能不把眼光聚焦于丝绸之路。人类社会交往的渴望推动了世界文明间的相互交融和渗透，中华文明与亚、欧、非三大洲的古代文明很早就发生接触，相互影响，相互交流。直到1877年，德国地理学家李希霍芬在他的著作《中国——我的旅行成果》里首次提出了"丝绸之路"的概念。近半个世纪以来，随着丝绸之路考古发现和学术研究的不断深入，极大地开阔了人们的视野。特别是"一带一路"倡议的全面推进，丝绸之路研究更成为国际显学。在古代文明交流史上，丝绸之路无疑是极其璀璨的一笔。它承载着千年古史，编织着四方文明。也正因为丝绸之路无与伦比的历史积淀，形成了独特的历史文化遗产，其数量之大、等级之高、类型之丰富、序列之完整、影响之深远，都是世所公认的。神秘悠远的古代城址、波澜壮阔的长城关隘烽燧遗址、精美绝伦的艺术品、气势磅礴的帝王陵墓、灿若星辰的宫观寺庙、瑰丽壮美的石窟寺……数不清道不尽的文物珍宝，足以使任何参观者流连忘返，叹为观止。2014年，"丝绸之路：长安—天山廊道的路网"成功跻身《世界文化遗产名录》，使丝绸之路迎来了新的历史机遇，也对广大文化文物工作者提出了新的要求。

"让文物说话，把历史智慧告诉人们。"这是习近平总书记的谆谆嘱托。中华文化优雅如斯，如何让文物说话，飞入寻常百姓家，是当下无数文化界人士亟待攻坚的课题，亦是他们光荣的使命。客观来讲，丝绸之路方面的论著硕果累累，但从一般读者角度，特别是从当下文化与旅游结合角度着眼的作品不多,十分需要一套全面系统地介绍丝绸之路文物故事的读物。令人欣喜的是,西安出版社组织策划了这套颇具规模的"丝路物语"书系,并由李炳武先生担任主编,弥补了这一缺憾。李炳武先生曾经长期在文物文化领域工作,也主持过"中华国宝·陕西珍贵文物集成""长安学丛书"和《陕西文物旅游博览》等大型文物类图书的编纂工作,得到了业界的充分肯定;加之丛书的作者都是有专业素养的学者,从而保证了书稿的质量。

如何驾驭丝绸之路这样一个纵贯远古到当今、横贯地中海到华夏大地的话题,对于所有编写者来说,都是具有挑战性的。这套书的优点或者说特点,可以概括为以下几个方面:

这套书最大的一个优点,就是大而全。从宏观的视野,用简明的线条,对陆上丝绸之路的博物馆、大遗址进行了全景式梳理,精心遴选主要文物,这些国宝的历史、艺术和科学价值在字里行间一一呈现。

丝绸之路文化遗产类型丰富,作者在文中并没有局限于文物本身的解读,还根据文物的特点做了大量的知识拓展,包括服饰的流变,宗教的传播,马匹的驯化,葡萄等水果的东传,纸张的发明和不断改进,医学的发展,乐器、绘画、雕刻、建筑、织物、陶瓷等视觉艺术的交互影响,等等。其中既有交往的结果,也有战争的推动。总体而言,这些内容是讲述丝绸之路时所不可或缺的内容,使读者透过文物认识了丝绸之路丰富的文化内涵。

值得称道的是,这套书采取探索与普及相结合的方式,图文并茂,力求避免学究气的艰涩笔调，加入故事性、趣味性，使文字更具可读性，达到雅俗共赏的目的。通过图书这一载体，能够使读者静静地品味和欣赏这些文物，传达出对历史的沉思和感悟，完善自己对文物、丝绸之路和文化的认知。读过这套书后，相信读者都会开卷有益，收获多多，文物在我们眼中也将会是另一番面貌。

我们有幸正处于坚持以人民为中心的改革发展伟大时代，每一件文物，都维系着民族的精神，让文物活起来，定会深入人心、蔚为大观。此次李炳武先生请我写序，初颇踌躇，披卷读来，犹如一场旅行，神游历史时空之浩渺无垠，遐思华夏文化之博大精深。兼善天下，感物化人历来是每一个中国知识分子的精神所属，若序言能为一部作品锦上添花，得而为普及民众的文物保护意识起到促进作用，何乐而不为？

是为序。

· 郑欣淼 ·
原中国文化部副部长、故宫博物院原院长、中华诗词学会会长、著名历史文化学者。

序二

丝路物语话沧桑

李炳武

2013年9月，中国国家主席习近平访问哈萨克斯坦时，在纳扎尔巴耶夫大学发表演讲，首次提出共同构建"丝绸之路经济带"的宏伟倡议。2014年6月，"丝绸之路：长安—天山廊道的路网"成功跻身《世界文化遗产名录》。

丝绸之路是世界上路线最长、影响最大的文化线路。丝绸之路是指起始于古代中国的政治、经济、文化中心——古都长安（今西安）连接亚洲、非洲和欧洲的古代陆上商业贸易路线。它跨越陇山山脉，穿过河西走廊，通过玉门关和阳关，抵达新疆，沿绿洲和帕米尔高原通过中亚、西亚和北非，最终抵达非洲和欧洲，向南延伸到印度次大陆。这条伟大的道路沟通了中国、印度、希腊三大文明，全长一万多千米。它是一条东方与西方之间经济、政治、文化进行交流的主要道路，促进了欧亚大陆不同国家、不同文明之间在商贸、宗教、文化以及民族等方面的交流与融合，为人类社会的共同发展和繁荣做出了卓越贡献。

公元前138年，使者张骞受汉武帝派遣从陇西出发，出使月氏。13年中，他的足迹踏遍天山南北和中亚、西亚各地。在随后的2000多年间，无数商贾、旅人沿着张骞的足迹，穿越驼铃叮当的沙漠、炊烟袅袅的草原、飞沙走石的戈壁，来往于各国之间，带来了印度、阿拉伯、波斯和欧洲的玻璃、红酒、马匹，宗教、科技和艺术，带走了中国的丝绸、漆器、瓷器和四大发明，举世闻名的丝绸之路渐渐形成。

用"丝绸之路"来形容古代中国与西方的文明交流，最早出自德国著名地理学家李希霍芬1877年所著的《中国——我的旅行成果》一书。由于这个命名贴切写实而又富有诗意，很快得到学术界的认可，并风靡世界。

近年来，丝绸之路迎来了新的历史机遇，沿丝绸之路寻访探秘的人络绎不绝。发展丝路经济，研究丝路文明，观赏丝路文物成了新时代的社会热潮。中央文化产业发展专项资金资助项目"丝路物语"书系，便应运而生。在本书和读者见面之际，作为长安学研究者、"丝路物语"书系的主编，就该书的选题范围、研究对象、编写特色及意义赘述于下：

"丝路物语"书系，以"丝绸之路：长安—天山廊道的路网"遗产及相关博物馆为选题范围。该遗产项目的线路跨度近5000千米，沿线包括了中心城镇遗迹、商贸城市、聚落遗迹、交通遗迹、宗教遗迹和关联遗迹五类代表性遗迹以及沿途丰富的特色地理环境。共计包括三个国家的33处遗产点，其中吉尔吉斯斯坦境内3处，哈萨克斯坦境内8处，中国境内22处。属丝绸之路东段的重要组成部分，在丝绸之路交通与交流体系中具有独特的起始地位和突出的代表性。它形成于公元前2世纪，兴盛于公元6至14世纪，沿用至公元16世纪，连接了东亚和中亚大陆上的中原地区、河西走廊、天山南北与七河地区四个地理区域，分布于今中华人民共和国、哈萨克斯坦共和国和吉尔吉斯斯坦共和国境内。沿线遗迹或壮观巍峨，或鬼斧神工，或华丽精美，见证了欧亚大陆在公元前2世纪至公元16世纪之间人类文明进步的重要阶段，以及在这段时间内多元文化并存的鲜明特色。

"丝路物语"书系，每册聚焦古丝绸之路上的一座博物馆、一处古遗址或一座石窟寺，力求立体全面地展示丝绸之路上的历史遗存、人文故事和风土人情。这是一套丝绸之路旅游观光的文化指南，从中可观赏到汉代桑蚕基地的鎏金铜蚕，饱览敦煌石窟飞天的婀娜多姿，聆听丝路古道上的声声驼铃。古丝绸之路是人类文明的宝贵遗产，记录着社会的沧桑巨变，这也是一部启封丝路文明的记忆之书。

"丝路物语"书系，以阐释文物为重点。文物是中华民族的精神标识。"让收藏在博物馆里的文物、陈列在广阔大地上的遗产、书写在古籍里的文字都活起来。"这对于激发人民群众对中华优秀传统文化的了解、认同和热爱，坚定文化自信，汇聚发展力量不可小觑。

文物是不可再生的国之珍宝，从中可折射出人类文明的恒久魅力。对文化的认同感与归属感应当成为一种生活状态。我们从梳理丝绸之路沿线博物馆馆藏文物、石窟寺或大遗址为契机，从文化的立场阐释文物的历史意义，每篇文章涵盖了文物信息的描述、历史背景的介绍、文物价值的分享和知识链接等板块，在聚焦视角上兼顾学术作品的思想层与通俗作品的故事层双重属性,清晰地再现文物从物质性到精神性的深层转变,着力探讨文物作为一种精神力量对历史的思考。用时空线索描绘丝绸之路的卓越风华,为读者梳理丝绸之路的文化影响,以文物揭示历史规律,彰显更深层、更本质的文化自信,激发读者的民族自豪感。"丝路物语"书系以文物为研究对象,从中甄选国宝菁华,讲述它们的前世今生。试图让读者从中感受始皇地下军团的烈烈秦风,惊叹西汉马踏匈奴的雄浑奔放,仰慕大唐《阙楼仪仗图》的盛世恢宏,这是一部积淀文化自信的启智之作。

"丝路物语"书系,以互动可读为特色。在大众传媒多元数字化的背景下,综合运用现代科技的引进更能推动文化传播的演变进入一个崭新的领域,相契于文字的解读,更透出传统文化的深邃意蕴。为多维度营造文化解读的可能性,吸引更多公众喜欢文物、阅读文物,"丝路物语"可谓设计精良,处处体现出反复构思、创新的态度。设计重点关注视觉交流的层面,借助丰富的图像资料和多媒体技术大幅强化传统文化元素可视、可听、可观的直接特征,有效提升文化遗产多维度的观感效果。古人著书立说重字画兼备,"宣物莫大于言,存形莫善于画",所以由"图书"一词合称。本书系选用了大量专业文物图片,整体、局部、多角度展示,让读者在阅读文字之余通过精美的图片感受文化的震撼与感动,让读者更好地认知历史、感知经典,体验当代创新之趣。

"丝路物语"书系,以弘扬互利共赢的丝路精神为使命。"丝绸之路:长安—天山廊道的路网"在东亚古老的华夏文明中心和中亚历史悠久的区域性文明中心之间建立起长距离的交通联系,在游牧与定居、东亚与中亚等文明交流中具有重要意义,并见证了古代亚欧大陆人类文明与文化发展的主要脉络及若干重要历史阶段以及突出的多元文化特征,是人类进行长距离交通、商贸、文化、宗教、技术以及民族等方面长期交流与融合的文化线路杰出范例。

2000多年前,我们的先辈筚路蓝缕,穿越草原沙漠,开辟出联通亚欧非的陆上丝绸之路。这不仅是一条通商易货之道,更是一条文化交流之路。沿着古丝绸之路,中国将丝绸、瓷器、漆器、铁器传到西方,也为中国带来了胡椒、亚麻、香料、葡萄、石榴。沿着古丝绸之路,佛教、伊斯兰教及阿拉伯的天文、历法、医药传入中国,中国的四大发明、养蚕技术也由此传向世界。更为重要的是,商品和文化交流带来了观念创新。比如,佛教源自印度,却在中国发扬光大,在东南亚得到传承。儒家文化起源于中国,却受到欧洲莱布尼茨、伏尔泰等思想家的推崇。这是交流的魅力,互鉴的成果。这些各国不同的异质文化,犹如新鲜血液注入华夏文化肌体,使脉搏跳动更为雄健有力。古丝绸之路绵亘万里,延续千年,积淀了以和平合作、开放包容、互学互鉴、互利共赢为核心的丝路精神。

新时代、新丝路、新长安。2017年,习近平主席在"'一带一路'国际合作高峰论坛"上指出:古丝绸之路是人类文明的宝贵遗产。为让这些遗产、文物鲜活起来,西安出版社策划出版的"丝路物语"书系,承载着别样的期许与厚望,旨在以丝绸之路的隽永品格对话当代社会的文化建构,以高度的文化自觉唤醒当代社会的文化自信。

我们作为丝绸之路起点长安的文化工作者,更应该饱含对传统文化的深厚感情,自觉担负起实现中华民族伟大复兴的历史重任,充分运用长安学的最新研究成果,为保护、研究和传承人类文明的宝贵遗产尽心尽力,助推"一带一路"伟大事业的蓬勃发展。

精品力作是出版社的立身之本,亦是文化工作者的社会担当。"丝路物语"书系的出版,凝聚着众多写作和编辑人员的思考与汗水。借此,特别感谢郑欣淼部长的热情赐序;感谢策划人、西安出版社社长屈炳耀先生的睿智选题与热情相邀;感谢相关遗址、博物馆领导的支持和富有专业素养的学者和摄影人员的精心创作;更要感谢西安出版社副总编辑李宗保和编辑张正原认真负责、卓有成效的工作。

"丝路物语"书系的出版虽为刍荛之议、管窥之见,但西安出版社聆听时代声音、承担时代使命以及致力于激活文化遗产、传播中国声音的决心定将引领其走向更远的未来。

是为序。

·李炳武·
陕西省文物局原副局长、陕西省文史馆原馆长、"长安学"创始人、陕西师范大学国际长安学研究院首任院长、三秦文化研究会会长、长安学研究中心主任、著名历史文化学者。

页码	标题	副标题
132	礼制下的西安城墙	天下第一藩之府城
138	西安城墙明清建筑构件	西安城建的一抹鲜活
152	城墙与学府文化	「为天地立心 为生民立命」
170	城门内外	名独特寓意 存千年遗迹
206	城隍庙、郭城市场、甜水井	城墙下的记忆
214	李自成与长乐门	历史谜案
224	西南城角	扑朔迷离的城市坐标
232	西安城墙的毁与修	薪火相传 守护城墙
246	隋—民国时期西安城墙的修缮与毁坏	

目录

001　开篇词

002　西安城墙的前世今生
　　　筑墙守城　长治久安

020　城墙断面
　　　城市年轮标记千载光阴

030　含光门门道遗址
　　　一座城门开　满城故事来

046　隋唐长安城过水涵洞遗址
　　　唐长安的筑城智慧

058　含光门内鸿胪寺
　　　门鉴邦交

066　大社与唐代礼仪
　　　礼仪之门的祝祷

074　隋唐甲胄
　　　向日金鳞

092　西安城墙军事防御
　　　筑城以卫君　造郭以守民

118　城墙攻防武器
　　　高城池深不足以为固

开篇词

丝路物语 西安城墙

斑驳的城砖叠摞成坚实的壁垒，肩负一城安危；华彩依旧的脊兽与画栋，为肃穆的城墙装点些浪漫的情怀。城墙根下，有老西安人念念不忘的当年旧事；城隍庙与甜水井，粗布麻衣的百姓挑一担家长里短；魁星楼的传说中，『学而优则仕』是文人信仰的初心。

古与今，刚与柔，武与文，守与攻，破与立。一城一门，一内一外，西安城墙像一个分隔符，隔开千载新旧观念；又像难解的谜团，因融汇多种意义而引人入胜。今日的西安城墙已卸下军事防御的使命，褪去一身皇权与礼法的象征；今日的西安城墙在城外高楼耸立与城内人潮喧嚣中，寻得一种平衡。踏破山河，盛世重现。它站在护城河边，将城门敞开，迎八方来客，也守望繁荣昌盛。

西安城墙的前世今生

筑墙守城 长治久安

当城墙成为遗址,当墙砖成为历史书上的方块字,一座城市的边界被打破,传统规则也随之发生变化。从土木建筑到钢筋水泥,城市因经济发展而繁荣、扩展,城墙和它背负了千年的功能性使命与文化意义随之淡化。但关于城墙的那些起源和传说,被一代又一代的城市居民口口相传。

黄沙四野,旌旗飘展,战火由远及近,声声呐喊,身穿盔甲的众多士兵抬柱撞击城门。慌忙收起的吊桥竭力想要阻挡新世界的到来。城墙,在一代又一代人的"入阵曲"中,守旧迎新,伤痕累累,又肃穆刚毅,带着"浪花淘尽英雄"的卷卷中国历史,锤炼成中国古代建筑与文化中一个特有的符号。

在古代,城墙是城市的基本条件,四正四方的城墙围起来的是规规矩矩的礼法制度,是严阵以待的军队防卫,是秩序井然的百姓生活。如今,当城墙成为遗址,当墙砖成为历史书上的方块字,一座城市的边界被打破,传统规则也随之发生变化。从土木建筑到钢筋水泥,城市因经济发展而繁

清末的西安城墙

荣、扩展，城墙和它背负了千年的功能性使命与文化意义随之淡化。但关于城墙的那些起源和传说，被一代又一代的城市居民口口相传。

城墙是人类社会文明的一个组成部分，是社会发展到一定阶段的产物，城墙同时也是中国进入文明社会，农业民族抵御游牧民族侵扰的军事体系中城堡建筑的标志。不论从建筑结构、形制、规模，还是从城上、城下的附属建筑中，无不反映出古代先民的哲学、军事、美学思想，也反映了中国古代文明和建筑科技的发展历程。

距今6000年前的新石器时代晚期，即原始氏族社会后期，中国先民就开始在他们聚族而居的聚落四周挖掘壕沟，挖出的土堆起来便是城墙的雏形。文献记载夏禹的父亲鲧有"筑城以卫君，造郭以守民，此城郭之始也"之说。属商代早中期的郑州商城是版筑夯土墙，这是中国城墙构筑的基本形式，其主要目的与功用，正如《墨子·七患》中所述，乃"所以自守也"，即主要是为了防御其他氏族与野兽的攻击。

之后经历五六千年的发展演变，城墙的规划、设计与建筑工艺日渐发展，以至后来的城墙不仅具有军事上的防御功能，还被赋予了政治、文化、经济多重功能。

西安城墙从秦汉到明清，经历了长达千年的规划建制和礼法意义上的趋于成熟。汉长安城始建于西汉惠帝时期，是当时世界上规模最为宏大的城市防御设施。汉长安城在西汉、东汉、西晋、前赵、前秦、后秦、西魏和北周等朝代长期起着保障、带动、交汇与纽带的重要功能，城墙至今残存。隋开皇二年（582），兴建大兴城，同样筑起巍峨的城墙，经过唐末五代、宋元时期，特别是明代洪武三年（1370）的扩建、隆庆二年（1568）一改隋唐依赖的土城而为砖瓦，以及清、近代的多次修葺、增建，形成了今日的规模。

大唐盛世，开放包容，唐代的城墙是当时世界上最大的城市——长安彰显大国大城宏伟壮丽的标志，是皇帝政治权威的场地，是万国来朝的使臣商旅都要赞叹的盛景。唐长安城城墙因太平之世久矣，便生出了些夸耀的意味，皇帝经常在皇城朱雀门、安福门、延禧门举行一些重大的娱乐活动，以达到统治者与民同乐、稳定社会秩序的目的。一千多年前的大唐某日，鲜衣少年郎打马过街前，不远处，丝竹声起，那是皇家轿撵缓缓而至的前奏，泛黄厚重的城墙脚下，天子威严，令百姓俯首，一声"与民同乐"，一段盛世长歌。烟花还没落尽，渔阳鼙鼓便动地来了，战火烧过了五代十国，

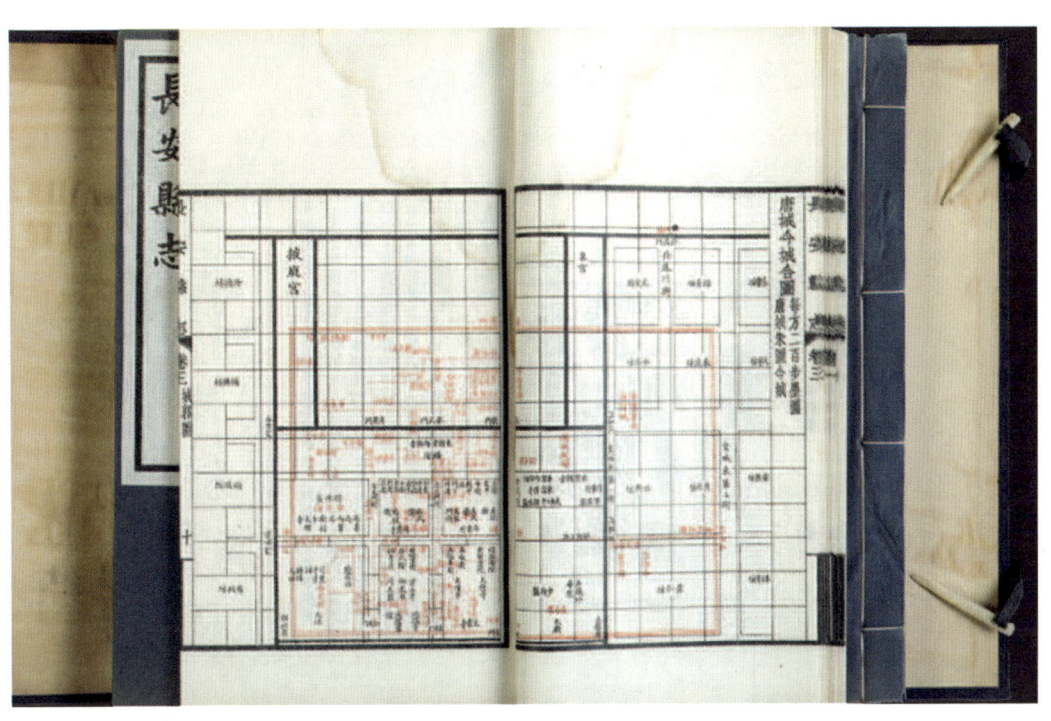

清嘉庆《长安县志》中的《唐城今城合图》(民国排印本)

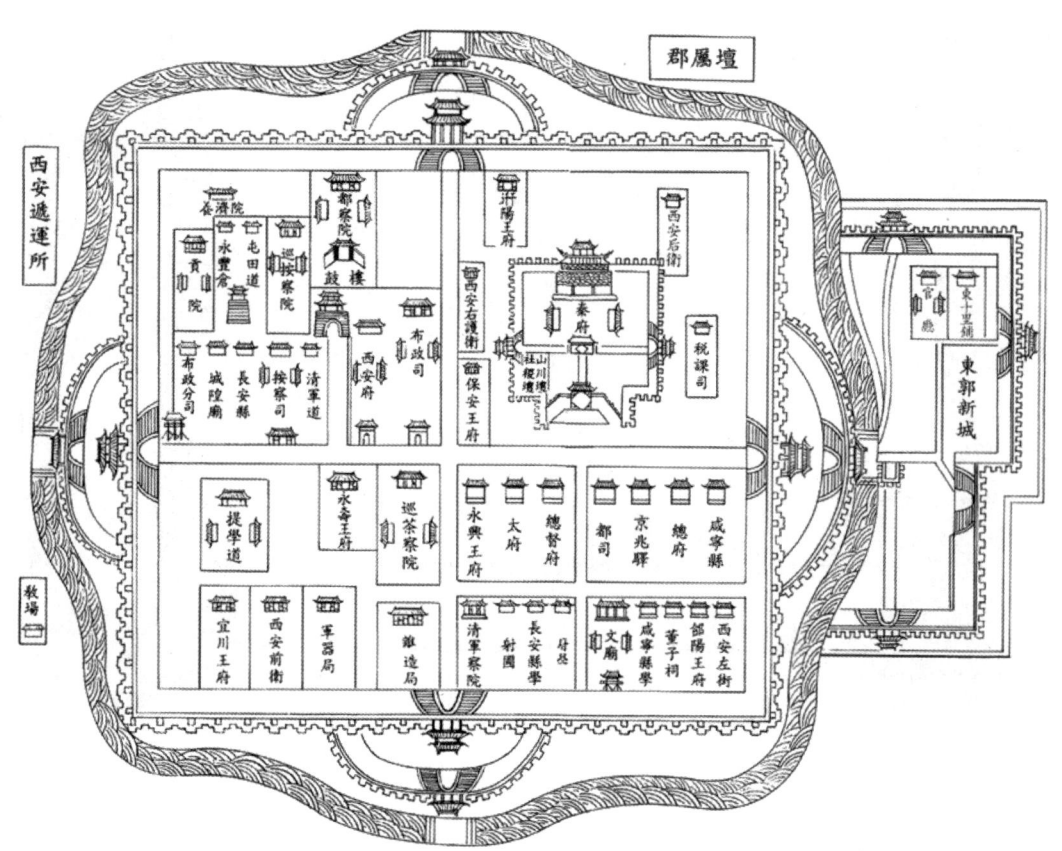

明嘉靖《陕西通志》中的西安府城图

杀伐声中，唐城墙伤痕累累。长安盛世不再，但总有新的城墙拔地而起。

一座城市的生命力在朝代更迭、炮火洗礼中愈加顽强。百年之后，明朝建立，长安更名为西安，在唐、宋、元城墙的基础上，明城墙盘踞新生。朱元璋的次子秦王朱樉，洪武三年（1370）封王，洪武十一年（1378）就藩西安，在诸位藩王之中不仅年龄最长，而且兵权最重，因而西安所在的秦藩国又被称为"天下第一藩"。把手握兵权最看重的儿子封于西安，侧面来说也反映了朱元璋对西安的重视，因此兴修西安城墙变得尤为重要。

明代城池可以分为五等，其中南京、北京及明初的中都凤阳为第一等，之后，府城、直隶州城、府辖之州城、普通县城依次而列。西安城就处于第二等的府城之列，但是西安城市规模宏大，远超普通府城，是地方城市之最。如果说，南京明城墙高坚甲于海内，据岗垄之脊，依山傍水而建，是中国礼教制度与自然相结合的典范，那么，西安城墙是盘踞关中要塞，镇守一方沃土，抱千年礼法，堪舆长久安乐，尊明制古训的杰出作品。

西安城墙全长13.74千米，城墙高约12米，底部宽约16~18米，顶部宽约12~14米，墙体平均厚度达到15米。城墙为"内土外砖"结构，即用黄土或者黄土类土夯筑而成土芯墙体，在土芯墙外侧及顶部海墁均用青砖包裹。这种结构既有效地保护了城墙，使得城墙在自然应力作用下破坏速度降低，同时也极大增强了城墙的防御能力，使得正面破坏城墙难上加难。

由于西安地理位置的重要性，加上明西安城属于秦王的封地，也是其府治所在，西安城墙属于以秦王府为中心的西安城防体系重要的一环，因

雄伟的城门箭楼

此，西安城墙肩负着守卫秦王府以及城内百姓安全的神圣职责。总体来看，西安城防体系最显著的特征是"城三重，壕二重"。

西安明城墙的防御设施总体包括护城河、吊桥、墙体、瓮城、城楼、箭楼、羊马城、闸楼、角台、角楼、马面、敌楼，等等。

城门上筑有城楼，瓮城上筑有箭楼、羊马城上筑有闸楼。城楼是战时重要的作战指挥中枢。箭楼是守卫城门的重要军事防御设施。闸楼是保卫城门的第一道防线。

城墙外侧一周每隔约120米，设置有马面，马面上建有敌楼，城墙四角修有角台，角台之上建有角楼。在清乾隆年间，陕西巡抚毕沅修城墙时，将敌楼、角楼改建为卡房与官厅。

如果留心，便会发现，城墙上的城楼箭楼屋顶上藏着古人的一些小心思。

护城河与角楼

在城楼筑楼屋顶的正脊两端有一种叫"螭"的建筑形象,传说中"螭"是龙的儿子,喜欢攀高望远,爱吞火咽电,火神和电母避螭而行,有螭之处,从未遭过火灾和电击。所以,人们根据螭的爱好、习性,就在房脊上塑造螭的形象,用来驱赶火神、电母,避免火电之灾。

至于螭尾的"剑柄",也有一段传说。洪武元年(1368)的一天夜里,狂风大作,电闪雷鸣。登基不久的朱元璋怎么也睡不着,便起身披衣下床,腰里挂着他的护剑,信步走出寝宫。刚到门口,突然一道电光划破夜空,朱元璋举目望去,只见正宫屋脊上的陶螭忽然挺身活动,正欲腾空飞去。这时朱元璋拔出护剑朝螭扔去,只听"当"的一声巨响,金光四射,护剑恰好刺在了螭的尾部,将它牢牢地钉在了屋脊上,螭只好老老实实地盘卧在屋脊上。这时风雨雷电也平静下来了。第二天,宫中人见了,赞叹不止。从此以后,人们在塑螭时,为了防止它再逃走,就再塑把短剑将它镇住。离奇的神话传说反映了明代建筑构思的风格,祈求风调雨顺,望有神仙保佑城墙免受火电之灾。

城墙内外侧均有女墙,其中外侧女墙又称为垛墙,每垛之间设一垛口,跺脚开一方形射击悬眼;内侧女墙也称为宇墙,较垛墙低矮,不设垛口。

"女墙"一词颇为独特,为何厚重的一段城墙被冠以柔美的称呼?这要从一个传说说起。据说秦朝以前的城墙上没有这堵矮墙。到了秦朝,由于战事频繁,修筑城墙也很频繁,每年有很多人为此而服劳役。某一年,在服劳役的人群中,有一个带着十岁小孙女的头发花白的老工匠。

老工匠是陕西人，儿子从军打仗死后，儿媳妇受到刺激疯癫而落河淹死，只留下这个十岁的小孙女与自己相依为命。小姑娘长得聪明伶俐，见人总是笑眯眯的，可惜腿有残疾，整日只能静静地坐着。

爷爷做工的时候，小姑娘总是坐在城边，提醒往来做工的叔叔、伯伯注意安全。一天，小姑娘和往日一样又坐在城边看大家干活，这时有个瘦弱的民工，背着沉重的土筐，踉跄地从小姑娘身边经过，昏头昏脑地走到了城墙边，眼看着他要跌到城墙下了，小姑娘见状来不及喊，撑起身体用手推开要跌落的民工，不想用力太大，自己失去平衡，摔下城去。老工匠和全体民工悲伤极了，把小姑娘埋在她平日坐的地方，并沿城垒了一道矮土墙，大家把这道墙叫女墙。女墙的名字就这样在一代代工匠中流传了下来。后来，筑城时为了保证人在城墙上行走的安全，便在城上筑起一道矮墙，定名为女墙，也是为了彰扬小姑娘舍己救人的精神。

这个传说为雄伟庄严的城墙披上了一层浪漫唯美的色彩，而女墙的真实作用是确保了士兵在城墙上行走时的安全和战时掩护城上士兵。

西安城墙除了发挥最基本的防御功能外，还通过建筑形制彰显中国古代森严的等级礼法制度。古代人以服饰、冠冕区分身份等级，古代建筑也有自己的"三六九等"之分。明代，朱元璋封次子朱樉为秦王，大修西安城墙，以三重又二重的形制既彰显"天下第一藩之府城"的王权，又显示古人极尽防御之能事的智慧。

明代西安城墙共开四座城门，东曰长乐，西曰安定，南曰永宁，北曰

安远，取长安永安之意。穿过四座城门，钟、鼓楼富丽堂皇，与明城墙上的箭楼、城楼等建筑交相呼应，熠熠生辉，共同成为西安的标志性建筑。"晨钟暮鼓"，日升日落，是西安城喧闹繁华的一天。里坊内外，西市驼铃声声，东市沽酒作歌，在城墙重重保护之下，城里的王侯将相与黎民百姓，人人

城门、城市、晨曦

自安,寻常里坊间,邀三两好友,酒楼前晒着太阳,喝着小酒,念着诗词,数时光倏忽,岁月安稳。城墙,给每一个最普通不过的日子筑一道心安。

午后温暖的阳光穿过一片片时光的云霞,照射在如今的西安城墙上,斑驳古旧的城砖上,砌垒今人保护城墙遗址的成果。1959年春夏之交,

西安城墙鸟瞰

已担任国务院副总理的习仲勋指示文化部研究保护西安古城墙的问题。1961年3月4日,经国务院批准,西安古城墙被列为第一批全国重点文物保护单位。

时至今日,在保护与研究的过程中,西安城墙仍然藏着一些谜团,待后来人破解,比如,本应四正四方的城墙,为什么在西南角修成了圆角?既然可以修圆角,为什么不把四个角都修成圆的呢?造型灵动的脊兽反映了怎样的城建智慧?盛世甲胄艺术的华彩豪情从何述说?静默恢宏的城墙又如何镇守安宁?西安城墙,为古都长安画上千年年轮,带着些许神秘,延续其悠久的历史文脉,并以独特的魅力向世人展示它的恢宏、壮丽和博大,向世界展示西安城市的厚重、智慧与开放包容。

向晚时分的永宁门

城墙断面
城市年轮标记千载光阴

正如树木的横截面上或深或浅、或粗或细的年轮忠实记录了个体的生命历程一样，城墙的增补伴随城市的兴盛与衰败，呈现出不同土色、质地、结构的层次，也形成了城墙年轮。

如今的西安明清城墙最初的基础是隋唐长安城的皇城墙，公元582年，历时不到一年，隋王朝就建起新的都城——大兴城；36年之后，唐高祖李渊承袭隋大兴城的规划布局，建成了至为宏伟壮观的都城——唐长安城。面积84平方千米的长安城是同期世界上规模最大的城市。唐末，割据军阀韩建重建几乎被摧毁的长安城时，出于军事防御的目的，弃宫城和外郭城，而将原本的皇城墙作为"新城"的外边界，由此，唐长安城的皇城墙作为城市边界的格局便从五代、宋元一直延续下来。明代时整修西安城墙，向东、向北拓筑城垣，因此隋唐皇城的西、南侧墙体目前保留了自隋筑城至近代一千四百多年的历史信息。

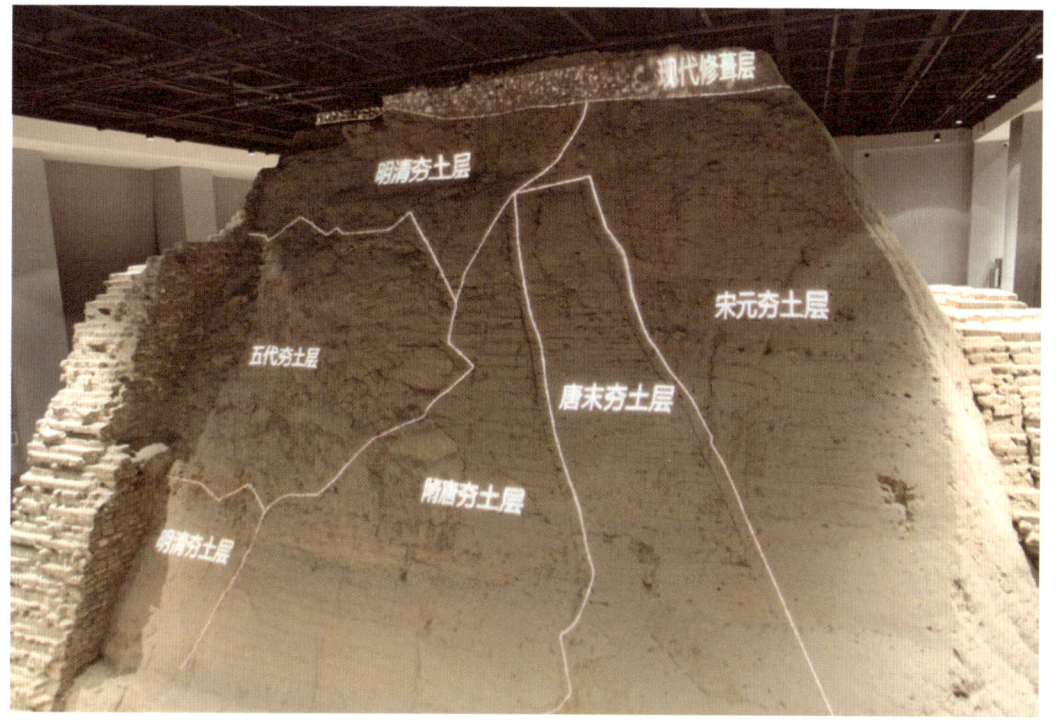

城墙断面实景

城市年轮

城墙断面遗址，位于西安唐皇城墙含光门遗址博物馆内。其形状呈现出一个上小下大的梯形：外侧高 13 米，内侧高 12 米，底部宽 20.5 米，顶端宽 14.8 米。

城墙断面遗址被发掘的历史需要追溯到 2004 年初，彼时西安市含光门段城墙道路工程刚刚竣工，便发现了暴露在外的西安南城墙断面。经过考古发掘，断面外部为明清城墙，而内部则夹包有隋唐长安城之皇城城墙，并有隋唐之后数次对城墙修补的墙体，其中最为难得的是发现了包含墙体与地基结构的隋唐皇城，这是前所未有的成果。

正如树木的横截面上或深或浅、或粗或细的年轮忠实记录了个体的生命历程一样，城墙的增补伴随城市的兴盛与衰败，呈现出不同土色、质地、结构的层次，也形成了城墙年轮。

断面层次结构形成的"城墙年轮"，分为五大期：隋唐期（581—907）、唐末五代期（907—960）、宋元期（960—1368）、明清期（1368—1911）、近现代期（1912至今），断面将西安城墙的历史由明代上溯至隋代，较为全面地呈现了西安城墙历经1400多年的多次修葺、增建的过程，成为能直观反映西安城市演进的唯一实物见证。

在断面北侧的地层，城墙的年轮又延伸出与之相呼应、叠压的地层，不仅因其中发现的遗物而丰富了每个断代年轮中的历史信息，更为我们提供了进一步了解当时工程构筑方式的线索。

隋唐时期

被包裹在中心的区域便是城墙断面的第一期，隋唐期。

隋唐时期，含光门正是皇城南墙西侧的一座城门。唐代长安城沿袭隋文帝于公元582年营建的大兴城的基本格局，进行增筑，而由含光门进入的皇城则是当时百官衙署，也就是中央政府机构所在地。

经过发掘，在断面北侧隋唐时期地层中共发现两种土质，一种为杂脏的暗黑色土壤，很明显是地表经过风吹雨淋、人类践踏而成的土壤，而另一类则是异常纯净无杂质的土壤——这是一种短期快速堆积的工程土壤。

综合以上因素，城墙的构筑方式可以很快被解析出来：在平地上挖掘坑槽，再用层层填土夯实，在其基础上起墙夯筑，而这些筑墙的夯土，可能从皇城内挖掘壕沟的土壤中获得的，因而异常纯净。

今人往往以为城墙修筑的夯土应当是从别处运送而来，因此上述筑城方式是今人所没有预料到的。实际上，这种城墙的掘筑方式并非始于隋唐，而是自新石器时代、城墙发展的萌芽时期就已经出现的：祖先最早以挖掘壕沟的方式将聚落与周围的自然环境相隔绝，抵御野兽与敌方，而这些挖掘壕沟的土壤堆积之后又可以形成高坡，构筑起更强大的防御屏障。因此从工程效率、使用功能上来看，都是十分科学合理的。

唐末五代

自安史之乱之后，唐代国势逐渐呈现衰退之势，而国都长安城也在不断的战乱中逐渐遭到破坏。在先后遭受的六次破坏中，如果说代宗广德年间吐蕃东犯"剽掠府库、市里、焚官舍、长安萧然一空"尚且因为国力尚可，仍有时间恢复曾经的繁荣，那么僖宗、昭宗朝连年藩镇割据、起义军轮番登场，长安城逐陷入万劫不复之境地。从僖宗中和三年（883）到昭宗天祐元年（904），长安城连续遭受掳掠、火焚等灾难，最终，在"四镇节度使"朱温挟持下，昭宗放弃长安城迁都洛阳，长安城的宫室、官署、民宅尽数被拆毁，只取其木材沿着渭河漂流而下，而百姓也不得已从故土迁居。

至此，规模宏大的长安城只剩瓦砾，二百多年的繁华都会化为废墟。

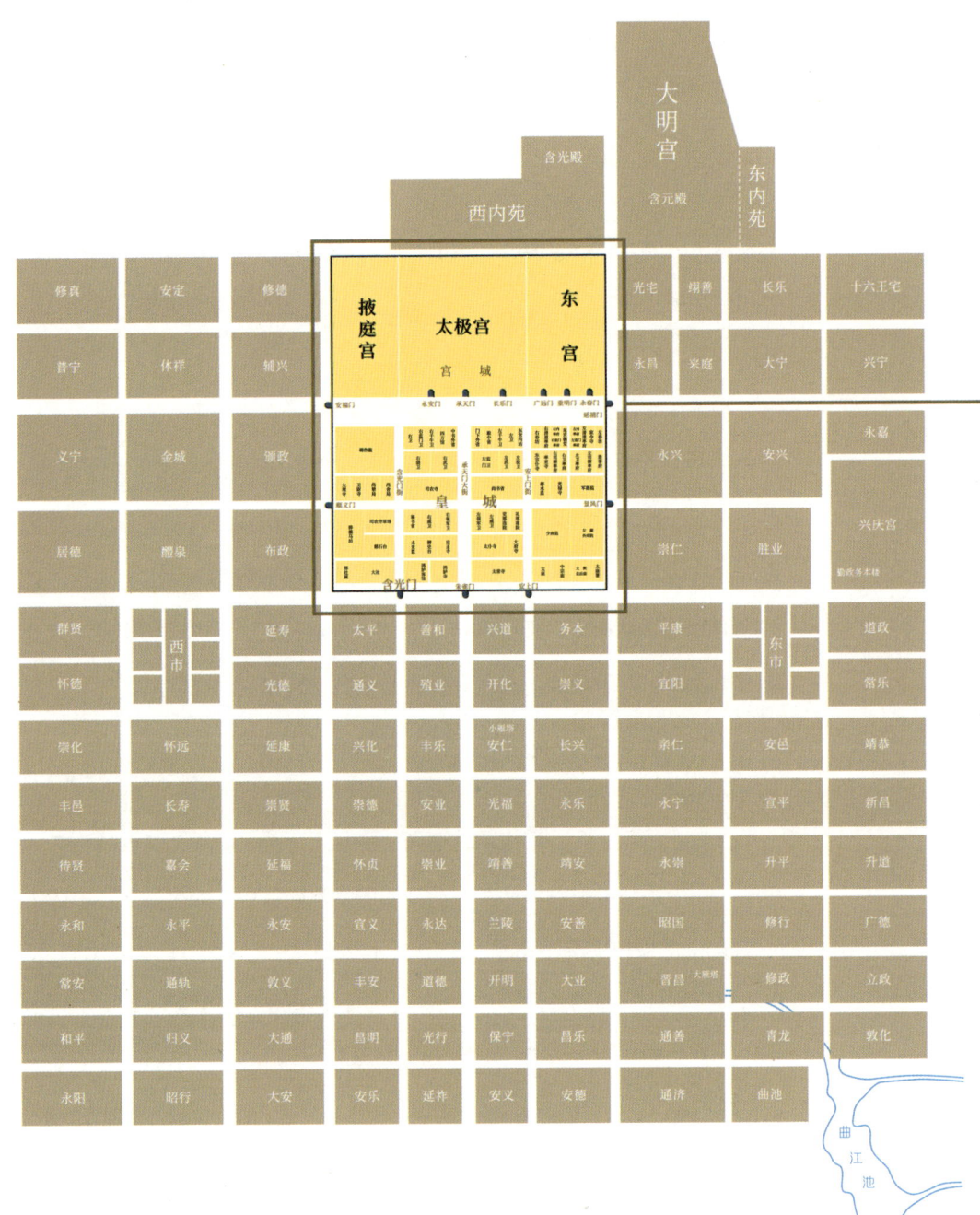

唐长安城图
中轴对称、布局规整、皇城居中

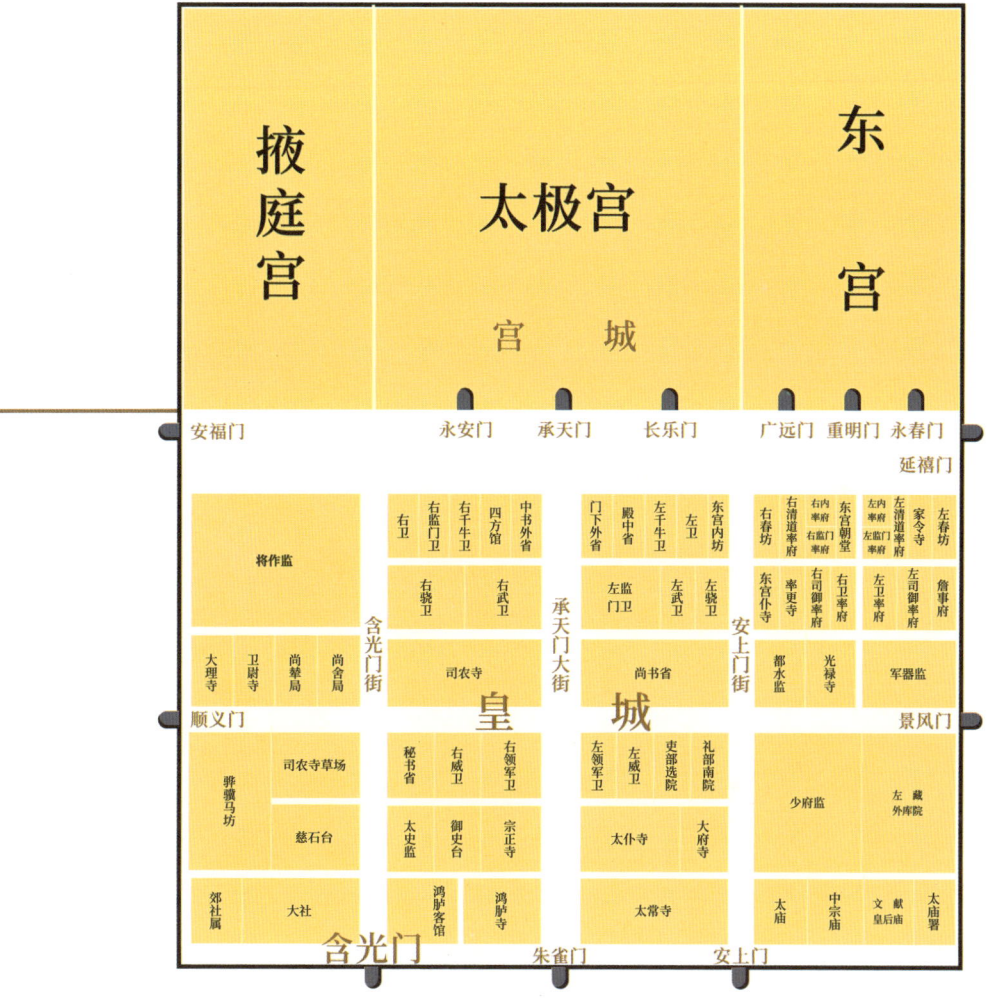

唐长安城宫城与皇城及官署机构分布

但很快,可能正在同一年,佑国军节度使韩建奉命重建这座毁灭的国都。出于重建难度的考虑,韩建放弃了曾经皇帝居住的宫城与108坊、东西市所在的外郭城,将子城,即百官衙署所在的皇城作为城市的主体。

本次筑新城使含光门所在的皇城城墙成为郭城城墙,这对城墙的军事防御能力提出了更高的要求，因此墙体被加厚1.5～2.5米以上，加高1米以上，新筑的城墙更方便登城巡逻等城防活动的开展。而与本次修补相关的北侧地层中出土的执壶底部、青瓷片，还有打碎的碑石碎块，似乎成为唐末毁灭又旋即重生的长安城留下的唯一实证。

宋元明清

唐末五代之后，宋、元、明、清四个王朝历经952年，但西安城垣建筑所涉及的范围并没有扩大太多，其中最明显的变化为明时期将城墙向东、北拓展约四分之一，周长达到"四十里，高三丈（约10米）"，而断面考古实证也显示出明清所筑墙体是目前断面中所占面积最大的部分。

"高筑墙，广积粮，缓称王"，据说这是谋士朱升献给明太祖朱元璋的"九字三策"。不论这九字是否为谋士提出，

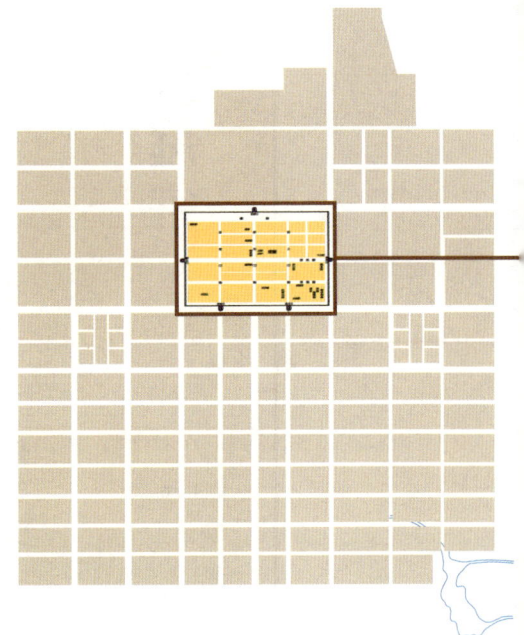

五代新城图
唐末，韩建弃宫城与外郭城，以皇城城墙为基础，缩建长安城

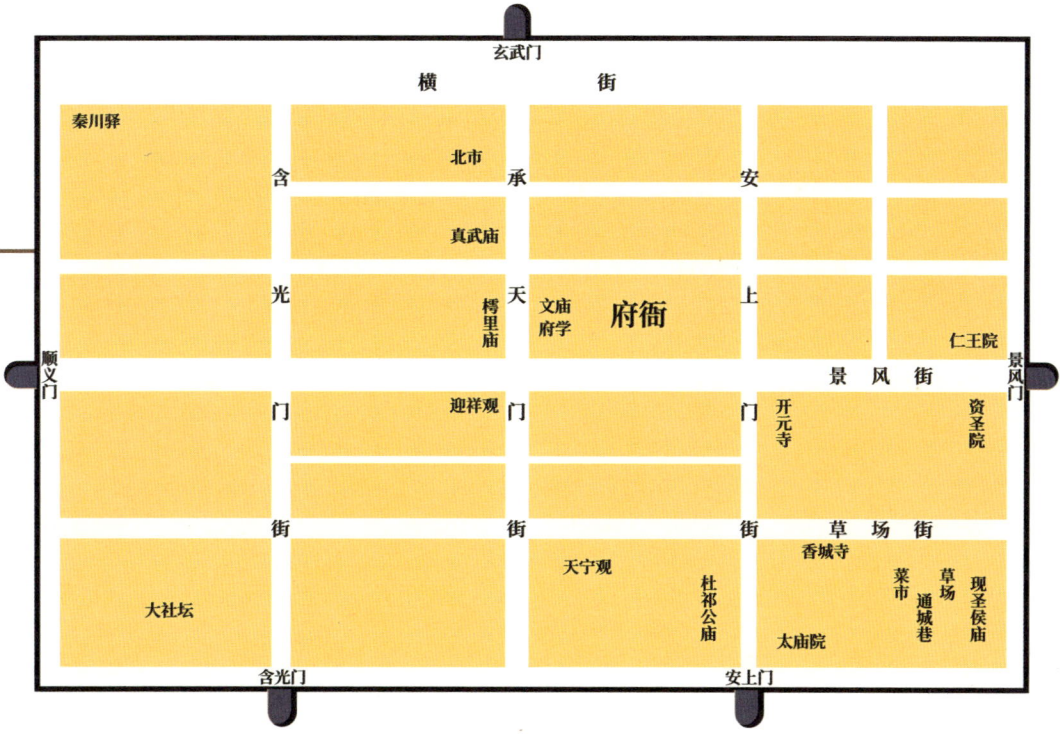

"高筑城"的确成为朱元璋稳固统治的重要策略。而这个策略作为结果呈现于现在可见的断面遗址上，便是明清所筑的墙体在整个断面中所占比例最大。隆庆二年（1568），陕西巡抚张祉主持修复城墙，将城墙外壁和顶部包砌青砖，改土城为砖城，以上筑垛墙，将前代所筑城墙全部包裹于内，即为西安府城墙。明代西安城垣的修筑大概是因为作为秦王府的所在地，除了筑城，当时的西安府城还改善了供水措施，在唐长安城的繁华消逝之后的几个世纪，龙首渠重新用甘甜的水流滋养了这个曾经孕育出辉煌灿烂文明的城市。

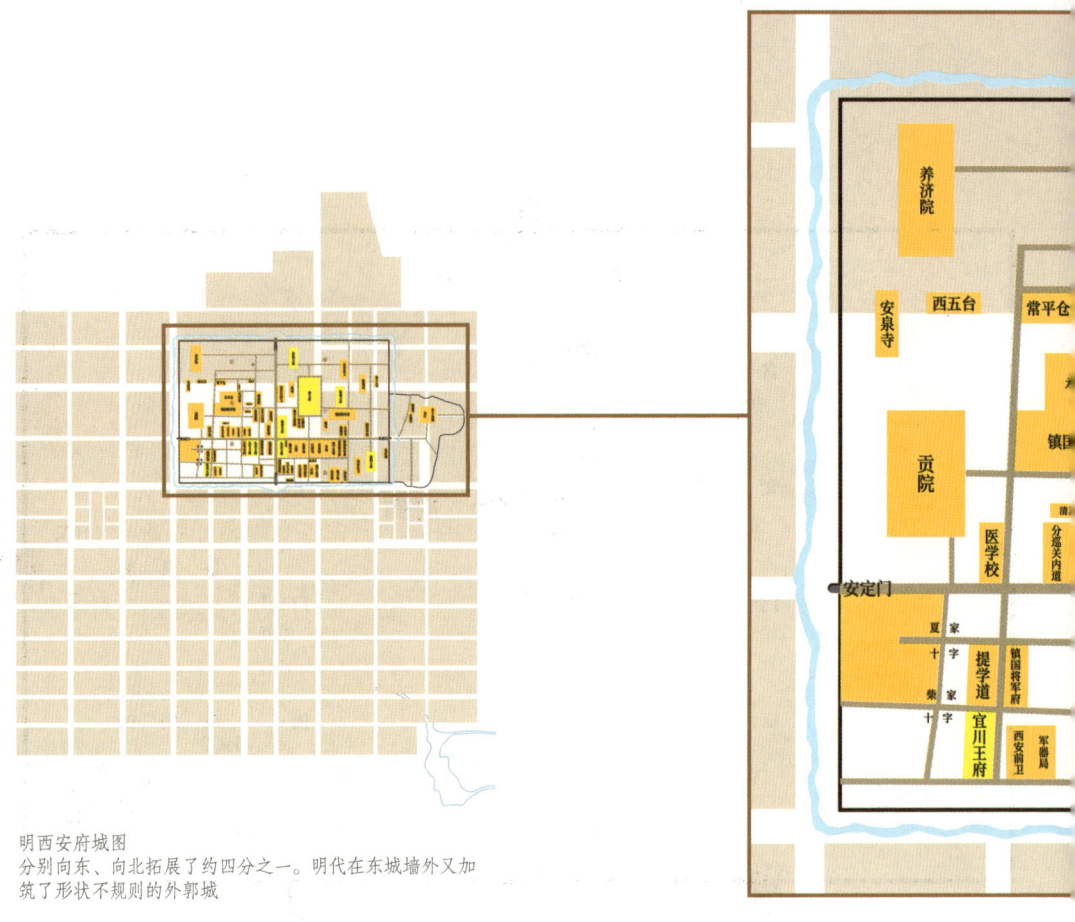

明西安府城图
分别向东、向北拓展了约四分之一。明代在东城墙外又加筑了形状不规则的外郭城

　　清立国之后，西安仍旧保有西北重镇的重要地位，但满族入主中原之初，社会尚不安定，新一轮的民族融合也尚未尘埃落定。西安城市面积即使并不大，清政府仍然派驻大量清兵，将整个城市隔出"满城"实行民族隔离政策。后来，巡抚毕沅对城墙进行全面加固、疏浚护城河，为西安城墙做出了很大贡献。

　　位于最上层的现代修葺层，虽然所占面积并不算大，却见证了西安城墙近代以来屡遭险境，最终成为文明古国遗珍的过程。1983年开始，西安大规模修复古城墙，历经几代人，2004年周长约13.7千米的城墙得以贯通，是中国现存历史最悠久、规模最宏大、保存最完整的古代城垣建筑，

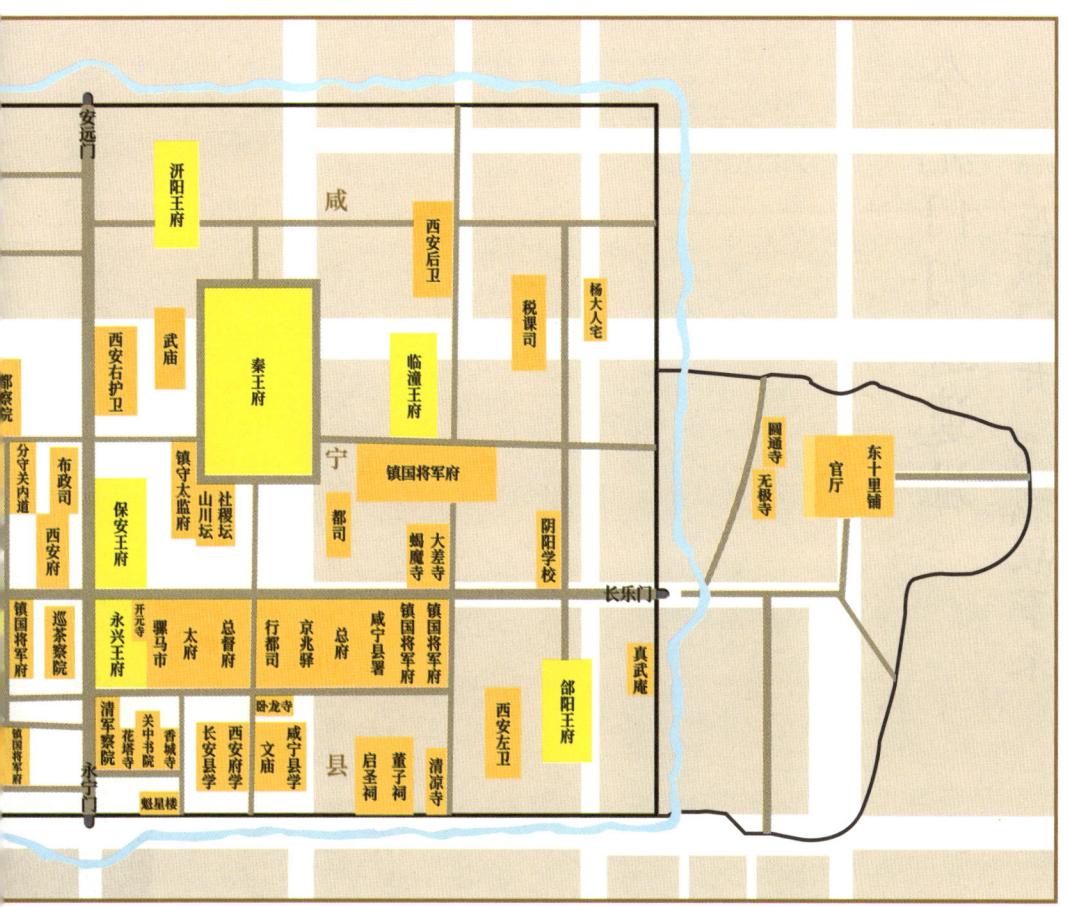

西安城墙的利用进入了一个新的历程。

当我们面对黄土堆砌的城墙断面遗址时，可能会认为，相较于精美生动的雕塑、富丽恢宏的宫殿，它实在显得过于朴素平凡了。但就是这样一个纯粹由黄土作为原料建造而成的防御工事，依然有其精神内核，更向我们证明了人类同时间相抗衡的力量：在一千四百年的时光流逝中，正是用这种脆弱而易得的原料，一代代的先民们，用不断的搬运、夯筑与无尽的创造力赋予城墙坚实的特质和高大的形体，使其最终战胜了自然力量的侵蚀与无数次的战乱和毁坏，得以保存，传递到我们的手中。也幸而见到了城墙的断面，我们才得以清楚这片土地上的先民为我们守护家园的艰辛。

含光门门道遗址

一座城门开 满城故事来

"含光"一词具有包容、宽容、兼容内涵并引申为蕴含光彩、包藏美德的含义，显示了隋唐时期海纳百川的气魄，是隋唐时期灿烂文化的具体反映。

　　含光门位于唐长安城皇城南墙偏西，其遗址位于今西安城墙南墙偏西的位置，西南城角和勿幕门之间的含光门段城墙内部。"含光"一词具有包容、宽容、兼容的内涵并引申为蕴含光彩、包藏美德的含义，显示了隋唐时期海纳百川的气魄，是隋唐时期灿烂文化的具体反映。含光门是公元6—10世纪丝绸之路鼎盛时期东方起点城市的重要通道，被誉为"丝路外交起点"。

封启之迹　门耀恢宏

　　含光门是隋唐长安城皇城南城墙自西向东第一座城门，始建于隋开皇

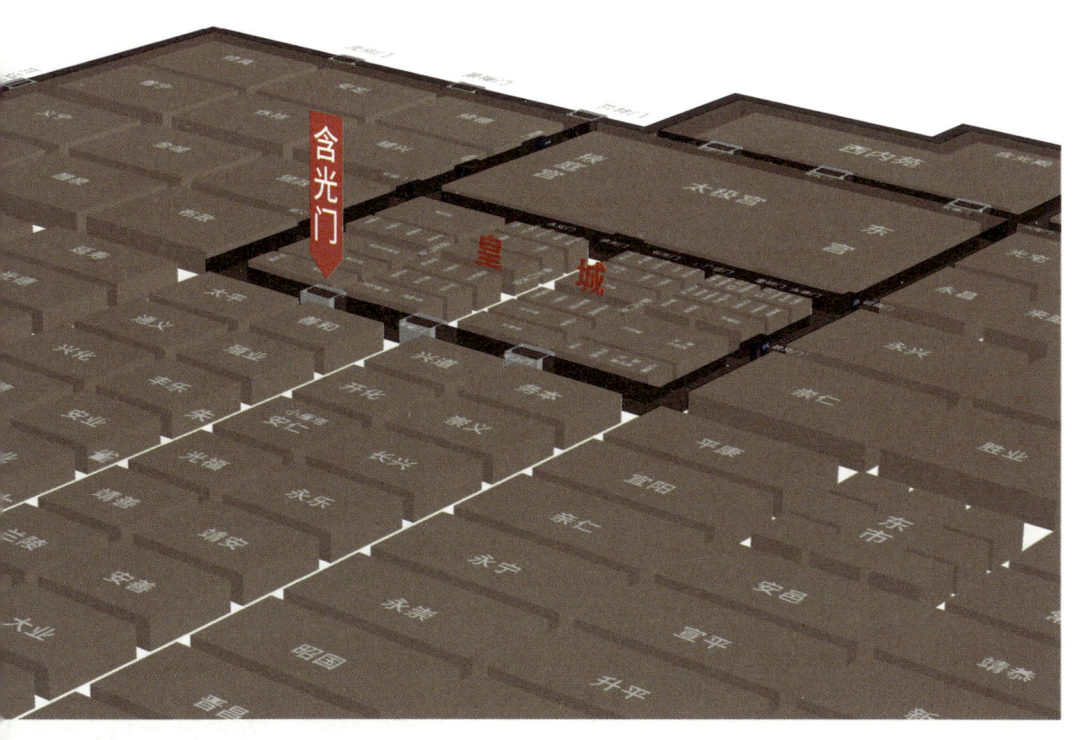

含光门位于唐长安城皇城南墙偏西

二年(582)。开皇二年(582),隋文帝命宇文恺营造新都。新都的营建从582年六月动工到次年三月基本完工,前后共九个月时间。营建工程的顺序是"先筑宫城,次筑皇城,次筑外郭城"(元·李好文《长安志图》卷上)。即新都的营建,是以帝王所居的宫城与百官衙署所在的皇城为其重点工程。公元618年五月,唐朝建立。唐王朝仍都于隋大兴城,但改城名为长安城。唐长安城基本沿袭了隋大兴城的规划布局,含光门是隋唐长安皇城南城墙的三座城门之一,自西向东依次为含光门、朱雀门和安上门(今南门)。唐朝末年(881),黄巢领导的农民起义军占领长安。《旧唐书》本纪第十九下"僖宗"中记载了当年的混乱:"(十二月)乙亥,沙陀逼京师,田令孜奉僖宗出幸凤翔。初,黄巢据京师,九衢三内,宫室宛然。及诸道兵破贼,争货相攻,纵火焚剽,宫室居市闾里,十焚六七。贼平之后,令京兆尹王徽经年补葺,仅复安堵。至是,乱兵复焚,宫阙萧条,鞠为茂草矣。"黄巢部将朱温投降唐朝后,在河南一带拥兵自重。为了逼使唐昭宗迁都洛阳,

含光门遗址考古现场

将政治中心置于自己的掌控之下,他对繁华的帝都长安城进行了毁灭性的大破坏,不但拆毁了城内所有的建筑物,还逼散和掳迁城中居民。《旧唐书·昭宗本纪》记载:"全忠令长安居人按籍迁居,彻屋木,自渭浮河而下,连甍号哭,月余不息。"经此浩劫,长安城遂为一片瓦砾。含光门也难逃厄运,此时遭到了焚烧。此后,长安城最大的一次变化是唐天祐元年(904),时昭宗已迁洛阳,佑国节度使韩建驻防长安,为了加强防御,他缩小城垣,放弃守卫宫城和外郭城,仅以原皇城为基础,改筑为新城。皇城中轴线上的朱雀门被完全封闭,含光门的3个门洞也被用夯土封闭了中间和西边的门洞,仅留东边的门洞出入。公元1086年,即北宋哲宗元祐元年,《游城南记》作者张礼偕友游城南名胜,有"出东南安上门,入含光门"的记录,可知北宋中、晚期,含光门尚存在。元代,统治者将新城加以重修,改名为奉元城,含光门东门道全部封闭。李好文的《长安志图》中奉元城已无含光门,推断含光门的封闭时间应当在元代仁宗皇庆元年(1312)改城名为奉元城之前。元代至明代大规模修建西安城,含光门被包砌在新筑城墙内。从此含光门"深藏不露",历经清及民国时期直至中华人民共和国成立后。

1957年至1960年年底,中国科学院考古研究所对长安城的外郭城、宫城、皇城等范围、性质进行了勘察。根据《唐六典》《长安志》等历史资料记载情况,经钻探确定唐皇城含光门门址位置。到1986年扩城墙豁口修路时,才触及唐皇城含光门遗址,随即开始了对含光门的考古发掘和

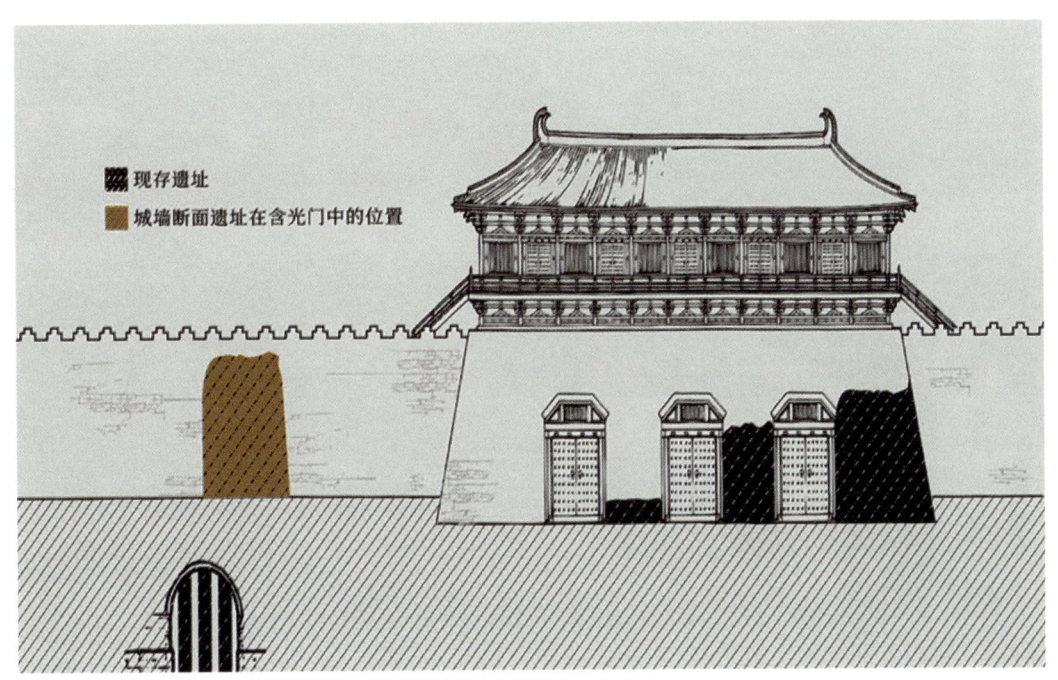

含光门现存遗址示意图

舍光门门道遗址

保护。为保护和展示遗址，专门建有西安唐皇城墙含光门遗址博物馆，仿城墙建筑并与明城墙相连。

含光门门道遗址是目前唐长安城皇城仅存的遗址，也是唐长安城考古现存的、保存最完好的城门遗址。

含光门门道遗址以纯净黄土版筑而成，其东部保存最高处达8.2米。含光门门道遗址由东、中、西三个门道组成，中门道为专供皇帝使用的御道，宽5.72米，东、西门道略窄，为文武百官等出入皇城的通道，宽5.25米，进深均19.6米；东门道至今仍保留着唐代、宋代两层路面，而中、西门道则保留唐代路面。含光门门道作为至今考古发掘的唯一唐皇城城门，为今人还原古代城门形制、结构与功能提供了重要而丰富的历史信息。

含光门门道是我国古代典型的过梁式门道，门道两侧各有排列整齐的柱础

柱础石
柱子下面安放的基石，在传统砖木结构中用以负荷和防潮。

韧木孔
隋唐时期在夯筑墙体时，在墙体内铺设韧木以作加固之用，现仅存韧木孔。

门道砖壁
门道侧墙的砖砌体。因西门道使用频率高，多次维修，现存砖壁为晚唐时期采用的摆砖形式。

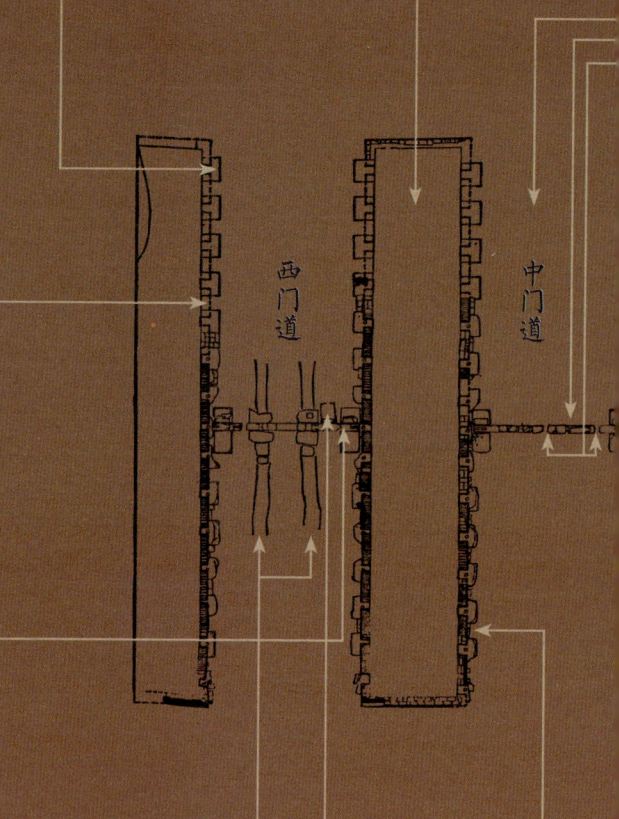

西门道　中门道

石门限
西门道中部有一条长 5.15 米的石门限，为减缓车速之用，相当于现代的减速带。

门限车辙
门限内外侧铺有石质斜坡，因长期使用，留有光滑清晰的车辙印痕。

火钟遗迹
石门限北侧有方形砖砌浅坑，内发现大量香灰，推测为当时燃香计时的火钟遗迹。

红烧土遗迹
含光门在唐末被火烧过,中、西两门道的路面上有烧过的灰烬和木炭,路面有大片红烧土。

门限纹饰
中门道石门限表面有阴文线刻的凤纹、宝相花、水波纹,线条优美,生动饱满。

门限车距
中门道石门限上凿有便于车辆通行的沟槽,是印证唐代车辆轮距的重要实物遗存。

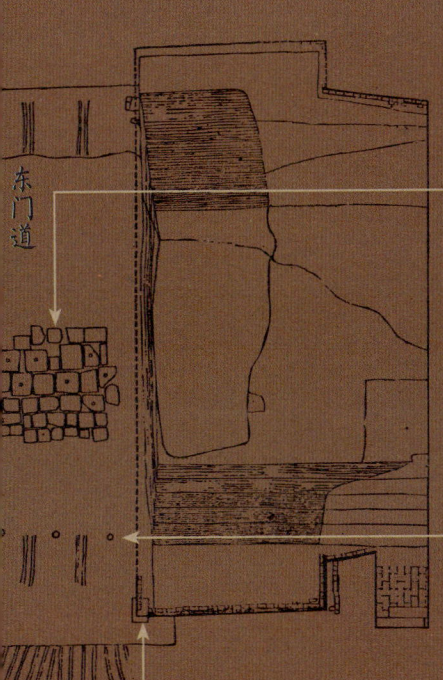

宋代路面
东门道现展示的是宋代路面,门道用夯土垫高,柱础石铺地,路面高出唐代路面0.8米。

柱洞
东门道南端发现柱洞三处,内有腐朽的木灰。柱洞东西向排列,其间距为1.3米。

门道砖壁
门道侧墙的砖砌体。因中门道为御道,使用频率低,基本保留着盛唐时期的状态。

角石
宋代维修时,在东门道南端两壁拐角处各置一角石,使门脚处更加坚固。

考古视角下的含光门门道遗址

039

石 15 个，两列柱础东西对称。柱础石上立有排叉柱，排叉柱间均砌砖。从多年来含光门的考古发掘可以推断，含光门中、西两门道被火烧毁在唐末的战火中，无法使用。后来韩建于天祐元年（904）重新修建子城（即皇城）为"新城"时，仅修复了东侧的一个门道，继续作为含光门通行。至北宋时又重修过东门道，门道中部利用唐代含光门的柱础石重新铺了路面，北宋晚期张礼《游城南记》中所说的"入含光门"即指这一门道，此后含光门便消失在了史籍中，再无记载。

虽然含光门在隋唐长安城中没有像朱雀门、明德门、承天门位居城市的中轴线，也没有高规格的五门道形制，但从初建至今的1400多年中，保持了历史遗址的真实性和完整性，是西安城建史上不可多得的实物资料。

古代也有减速带

现代社会为了保证交通安全，会在一些要道上设置减速带，这不禁让我们思考：古代人也会有类似减速带的设置，防止人们"飙车"吗？

含光门西门道的"减速带"

在含光门遗址西门道和中门道中部，我们现在仍可看到一条几乎与门道宽度等长的石条，这正是为减缓车速而设的石门限，也就是所说的唐代"减速带"。

门限，也称门槛，是建造在门外的一道高出地面的横梁式结构。关闭城门时，当两门贴于槛内沿，就正好可以闭合严密，所以也称为门限。正因为门限高于地面的设置，使出入城门的车辆必须减速，不能疾驶，这样就起到了限速的作用，不仅利于交通安全，也能对进出车辆进行安全检查——毕竟这里曾经是唐代三省六部九寺，也就是政府机构所在地，内含光门街路东为掌管少数民族事务的鸿胪寺和接待高级客使的鸿胪客馆，而西边为主要举办国家社礼的大社，一般情况下是不允许百姓通行的。

在西门道内，有清晰的车辙痕迹，而且石门限磨损严重甚至出现凹痕，可见含光门在隋唐时期使用频率之高。对比之下，专供帝王通行的御道中门道的石门限棱角保存完整，可见含光门虽重要，但由于并非皇城正门，所以中门道少有使用。

古代也有"交通规则"

最早的"交通规则"

《仪制令》颁行于唐太宗贞观十一年（637），它是我国最早用于交通管理的文书，相当于交通规则手册。其中的内容可以扼要地概括为"凡行路巷街，贱避贵，少避老，轻避重，去避来"。其中仪制是朝廷颁布的成文法规礼节，也会成为社会奉行的礼仪制度。

以上四条准则中，除了"贱避贵"，即百姓与官员、贵族之间有等级区分，卑贱者要给高贵者让路，其他三条规则都具有积极意义。"去避来"即区分离开家乡的出城者与进入城市的客人；"少避老，轻避重"反映出尊老、克己、利他的处事原则。

最早的"靠右行驶"

我国现在的交通规定为"来左去右"，即无论是顺着马路行驶还是沿着街巷步行，都应该做到靠右行。其实，这个规定在唐代就产生了，在唐太宗贞观年间，著名政治家马周制定了"右侧通行"的规定，这也是目前为止我们见到的最早对行驶方向进行规定的记载。《新唐书·马周传》中记述的"入由左，出由右"，本质上便是靠右行的规则。同样的史实也可以从唐人刘餗的笔记小说《隋唐嘉话》中得到印证："中书令马周，始以布衣上书，太宗览之，未及终卷，三命召之。所陈世事，莫不施行。旧诸街晨昏传叫，以警行者，代之以鼓，城门入由左，出由右，皆周法也"。可见，后来成为中书令的马周是以普通百姓的身份向太宗上书，改革了诸多关于交通的旧有规则，一是将晨昏关闭城门、坊市门的"传叫"者换为击鼓，节约人力更为高效；二是规定了城门的行驶方向，入城由左，出城由右。

"飙车"的惩罚

在古代，跑马和驾车超速都算作"飙车"的范围，不外乎是出于道路交通安全的考虑，所谓"道路千万条，安全第一条"。

唐代"禁马众中"，禁止马车在人员密集的闹市区高速行驶，一旦有此行为即需要承担相应的刑事责任。

唐代已经形成了较为完善合理的刑罚体系：五刑共二十等，即笞刑五、杖刑五、徒刑五、流刑三、死刑二。而按照《唐律疏议》的规定，一旦无特殊情况在道路高速行驶，无论是否造成人员伤亡或财产损失，就要处以最低一级的刑罚笞刑——用竹板或者荆条打脊背或者臀腿五十下。但是如果出于特殊情况，如公文传递、政令发布或者有病求医、追人等原因便只需缴纳一定罚款即可。如果"无故走车马"最终造成人员伤亡，还要接受几乎等同于杀人所处的刑罚：流放三千里于"化外之地"。对超速行驶严格限制的规定从唐代沿用至宋代，直至今日，说明唐代律法量刑的合理性已经类似于现代社会规定的合理性，是较为先进的。

对于百姓居住的外郭城，唐代的交通法规尚且严格至此。那么，在戒备森严的皇城中，不难想象车辆、马匹的速度应该有更为严格的限制，"减速带"设置的必要性也可想而知，一旦车辆马匹失控，减速装置或许也能起到一定的阻挡作用。

其他关于交通安全的规则

除了对交通工具的速度进行规定，唐律中还有关于超载、占用街道的相关规定。超载主要针对客船，触犯超载相关规定的船主按照超载的严重程度量刑，刑罚从笞刑到徒刑不等。保辜制度针对的是交通事故中的受害者，在古代医疗条件下，受害者的伤情并不能立即得到确认，因此自秦汉开始，便有相关律法规定，交通事故中的责任方应对受害人一定时间期限内的伤情负责，保辜的时长由判案者根据具体情况确定。

如今，那些经过含光门，或载着异国使臣、或乘着入朝觐见官员的车马早已消失在时光中。含光门作为唐皇城南墙的一座城门，随着王朝的终结，其上的庑殿式建筑被毁，但东门道仍然沿用至元代。其西门道、中门道随同唐长安城进出皇城的车马印记、石门限一起，被密实的黄土层层覆盖，也封存了唐长安城留存的实物证据。如今，同这些重现于今人眼前的，还有唐代在城市交通治理中留下的宝贵精神财富，这些珍贵的遗迹让我们仍然能见到一千四百年前真实的社会风貌。

隋唐长安城过水涵洞遗址

唐长安的筑城智慧

长安城历经安史之乱、唐末以来的历次破坏，终于完全被舍弃而成为一片废墟。这大概也是精通水利的隋大兴城的缔造者贺娄子干与宇文恺未曾预料的，由他们主持、设计的涵洞最终还没有机会达到它们的使用寿命，就与一座经历辉煌的城市一同被埋没于黄土之下了。

　　这是一段隋唐时期的地下过水结构的遗存。

　　隋唐过水涵洞遗址，覆压于隋唐皇城墙的夯土城垣下。现存结构中，直壁高约 1.5 米，顶部的单拱拱券跨度 0.6 米左右，拱高约 1.2 米，涵洞全高接近 3 米。拱洞南部外侧，水平横向埋设有花岗岩质大石条，左右砌入砖壁，上下石条上均凿有用于固定的菱形方孔，内插铁栅，作为涵洞外侧的栅门。

　　现代社会中，过水涵洞一般是用于公路下防止路面积水的排水结构，那么在一千四百年前的隋代，这段穿越皇城城墙而过的水道通路的作用究竟是什么？要想回答出这个问题，就要先从隋大兴城和唐长安城的建城史

过水涵洞遗址

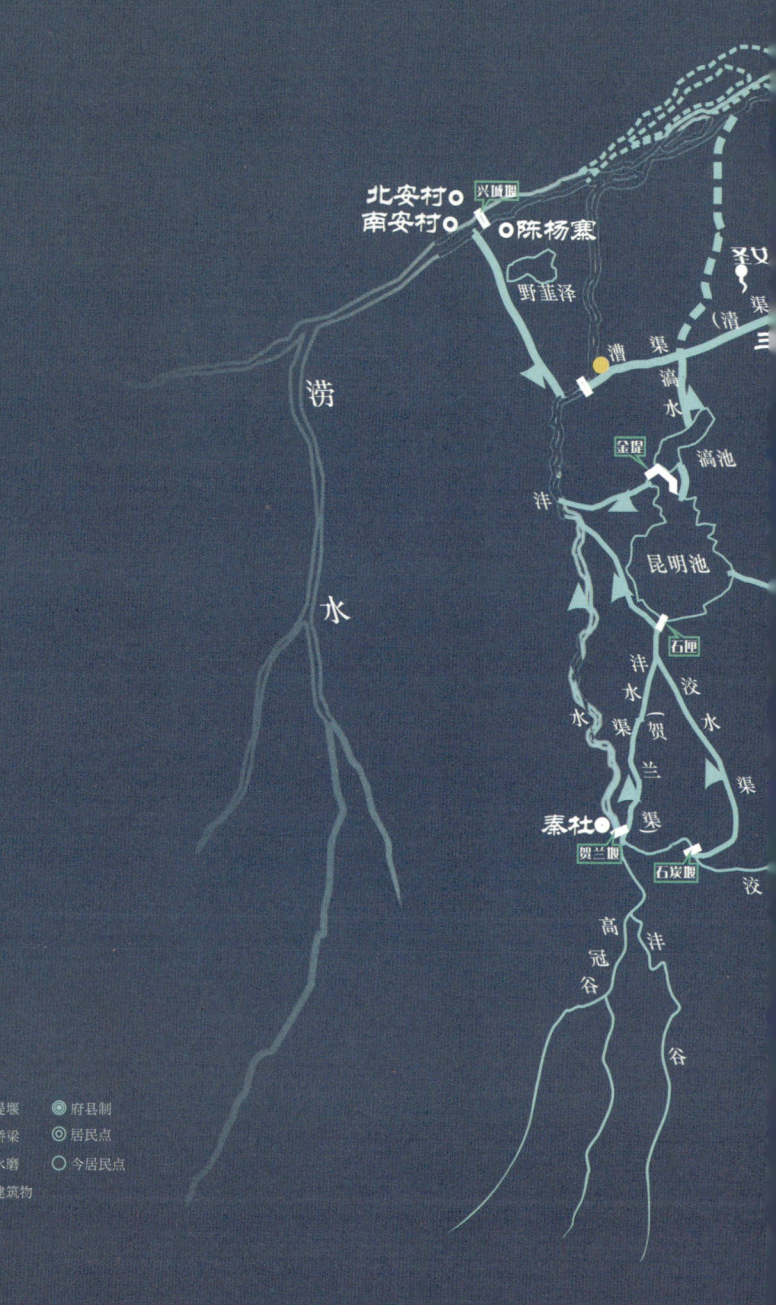

长安城与八水五渠

与城市水系统说起。

这条通水的渠道正属于隋唐长安城"上水下泻、规划有度"的城市水系统。公元581年，隋文帝杨坚在结束长达三百年分裂，建立统一隋王朝的第二年，便遵仿前代开国者的做法，在被战火摧残而几近破败的汉长安城东南方向选择了一座地势开阔、川原秀丽的龙首山，作为新的王朝临高而治的宫城所在。

以宫城为起点，九个月之内，一座伟大的城市就迅速向南、西、东三个方向铺展开来，筑成拱卫宫城的三道防线：南为中央衙署所在的皇城，外围东、西、南三面为百姓活动的居住与商业区。供排水系统是先于地上建筑修建而成的。这体现了合理先进、符合城市用水排水需要的科学理念。唐代立国之后，仍利用原有的隋大兴城的城市格局，改称长安城。而当时城市的水利系统也仍旧是整个城市的根基：长安城上百万人口，引水和排水是民生要务。在隋代开凿的三条渠水引水的基础上，唐代又开凿黄渠、漕渠进行补充。由此，八水五渠以及众多池沼、渗坑、暗井构成了自上而下、规划有度、动态灵活的城市水系统。

八水绕长安：南为潏、滈，北为泾、渭，西为沣、涝，东为浐、灞。而城市的五渠则贯通了川流于城市南北的八水，织就了自东南向西北的水利网络，其间连缀的则是坊市间的晶莹池沼。

覆压于皇城墙之下的过水涵洞，正靠近五渠中的清明渠。宋人宋敏求的《长安志》中记载，清明渠于皇城西墙流入皇城，而正经过皇城墙南墙

过水涵洞与含光门的相对位置

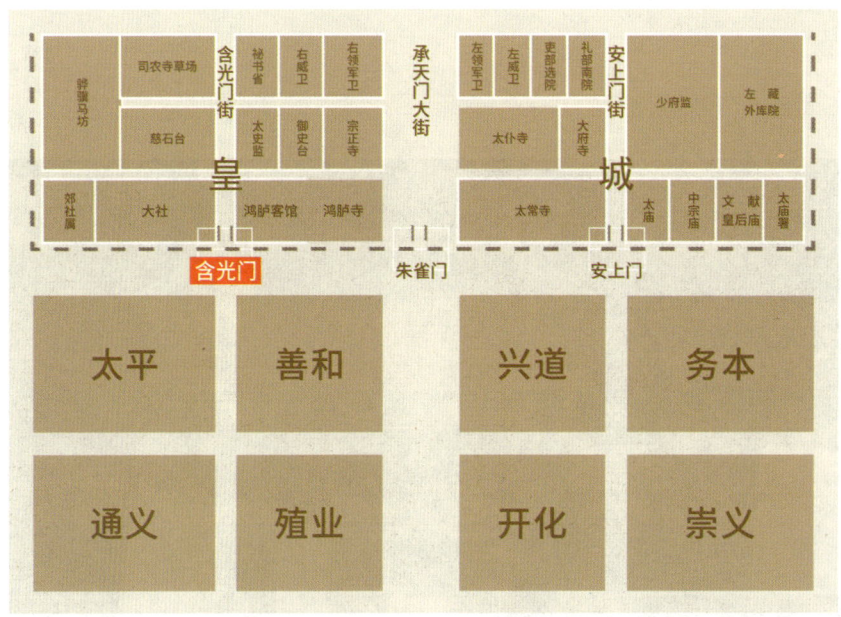

含光门北的大社鸿胪寺和以南的几个坊

含光门内的大社之北。在这里，清明渠汇集而成的广阔水域足以承托起玄宗画鹢的大船，可见其水量之大。

如此巨大的输水量，不禁让人猜想：清明渠是否在西侧进入皇城墙流出过一条分支，而这股分流正是从含光门地下的过水涵洞流入皇城，并汇流入大社以北的广阔水域。

如果说涵洞作为清明渠支流从郭城流向皇城，那么铁栅在其中发挥的作用又是什么？

涵洞的存在及其坚固铁栅是井然的城市规划与严谨的城市管理之缩影。涵洞所处的位置是唐皇城墙，这道屏障将皇城与外郭城分开来，形成了官与民、皇家与百姓之间的分界——含光门以北，正是百官衙署，也就

铁栅复原图

是隋唐中央政府的所在地；含光门以南则是划分为一百零八坊以及东西两市的居住贸易区。

与汉代不同，唐代为了革除中央衙署与都城居住区域杂处的弊端，选择将皇城与外郭城进行严格的区分，这种隔绝对于紧邻皇城的宫城是一重安全保障，也更因为含光门之内的皇城是国家重要机构所在地——紧邻含光门西侧便是当时祭祀土谷之神的大社，而东侧则为主管少数民族与外交事务的鸿胪寺和招待外来使臣的鸿胪客馆。

涵洞铁栅的结构表面上看并不出奇，实则暗藏玄机。涵洞中的水栅

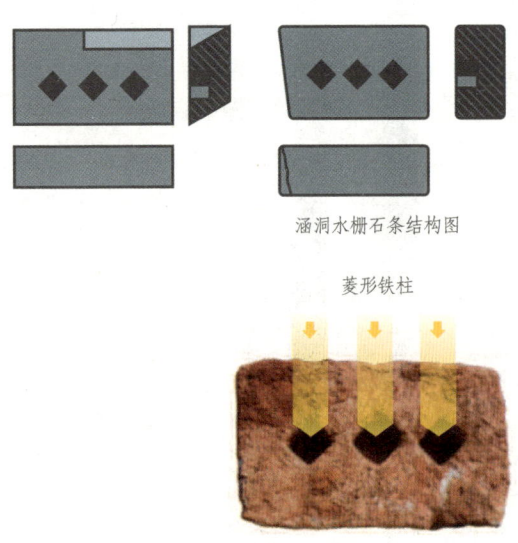

涵洞水栅石条结构图

菱形铁柱

涵洞带栅孔石条

涵洞水栅结构示意图

横截面呈菱形，这种形状既便于水流通过，又以稳固的结构保证其难以被破坏；三根直立的铁柱边长近十厘米，间距又极为狭窄，即使是儿童也不能通过，重重看似随意的细节设计都指向同一个目的——保证皇城防卫滴水不漏。古代城市，城墙所发挥的军事防御作用非同寻常，而任何漏洞都有可能导致一座城市甚至于国家覆灭。唐末，淄州刺史刘鄩派人潜入敌方城中以窥其虚实，发现兖州"罗城下一水窦，可以引众而入"，遂"请步兵五百，宵自水窦衔枚而入"，最终"一夕而定"。刘鄩通过"水窦"——也就是出入水的孔道于午夜凌晨进入城中，最终未经攻城便使敌人束手就擒。可见城防系统的任何漏洞都不容忽视，尤其对于百官衙署所在的皇城。

铁栅是否也有支撑涵洞的作用，目前似乎并不能知晓。但我们可以知道的是，涵洞的砖构券洞保证它能承受住上

过水涵洞断面复原示意图

过水涵洞全景三维建模图

方夯筑城墙的压力，毕竟城市供排水系统是先于城墙修建的。

作为过水结构，涵洞的形制已经相当成熟。早在西汉修筑的长安城直城门，我们便可以看到"拱"在城市供排水系统中提供的稳固支撑。在隋唐长安城过水涵洞中，半圆的拱顶与左右两壁的"支座"构成的拱结构巧妙地化解了地面上夯筑城墙的震动与压力，保证了流入皇城、作为景观所用渠水的"清明"。

构成单拱拱券结构的是子母扣砖。环环相扣的子母砖保证了渠道结构的整体性，防止渠水浸泡造成渠道变形，延长渠道使用寿命。

除此之外，厚达五层的砖壁，密实的夯土层、砖缝勾缝这些措施都能有效帮助墙体防水，延长涵洞的使用寿命。

公元904年，起义军出身、也是五代十国后梁的开国皇帝朱温挟唐昭宗迁都咸阳，"毁长安宫室、百司、民间庐舍，取其材，浮渭沿河而下"，下令长安百姓按籍迁居，被迁者号哭满路，长安城历经安史之乱、唐末以来的历次破坏，终于完全被舍弃而成为一片废墟。这大概也是精通水利的隋大兴城的缔造者贺娄子干与宇文恺所未曾预料的，由他们主持、设计的涵洞最终还没有机会达到它们的使用寿命，就与一座经历辉煌的城市一同被埋没于黄土之下了。

过水涵洞正如一个伟大时代的衣角，虽然它不如含光门遗址、城墙断面遗址壮观与恢宏，但是却在细节上独具匠心，标志着隋唐时期砖构券洞结构的成熟，体现了城市供排水系统的先进性与精巧设计。这处沉睡千年的历史遗存诉说着古代长安的筑城智慧。

含光门内鸿胪寺
门鉴邦交

> 皇城之内,鸿胪寺官员们凭借出色的外语能力和邦交智慧,坐镇大国外交的最前沿,收集各藩国的资料和信息,塑造良好的天朝形象;皇城之外,大唐有序而熙攘,市井风雅也生趣勃勃,可细听端详近看百态,也可坦诚交流结友会朋,乐享大国安泰,小酌一味人间。

2019年,一方唐代墓志的公布,引起了文博圈的广泛关注。墓志主人叫李训,在唐玄宗开元年间任"鸿胪寺丞",官从六品上。墓志全文328字,落款署名最具研究性:"秘书丞褚思光撰文,日本国朝臣备书。"有学者认为,"朝臣备"正是著名的日本留学生吉备真备。

中国官员的墓志由日本留学生篆写如实,则李训与吉备真备的亲厚不言而喻,更可见唐朝的国际性和开放的胸怀,但要追溯这段1400多年前的跨国之缘,就必须从李训任职的鸿胪寺说起。

日本国朝臣备书丹,褚思光撰文,鸿胪寺丞李训墓志拓本(深圳望野博物馆藏)

鸿胪寺

古代行政机构中所谓"寺"指官署。自汉朝就以太常、光禄勋、卫尉、太仆、廷尉、大鸿胪、宗正、大司农、少府为寺谓之"九寺大卿",历代略有变动。至唐初,所设"九寺"就分别为:太常寺、光禄寺、卫尉寺、宗正寺、太仆寺、大理寺、司农寺、太府寺、鸿胪寺,与六部分工合作。

其中鸿胪寺，从字面理解：鸿，大也；胪，传声也，可见鸿胪本意为大声传赞，鸿胪寺也就成为主理唐代外交事宜和引导礼节的专门机构。

鸿胪寺位于唐皇城含光门内东侧，今报恩寺街所在。下设典客署、礼宾院、司仪署三个常设机构，其中典客署掌管蕃客接待、辞见；礼宾院又称鸿胪客馆，是专门接待入朝蕃客留宿、活动的场所；司仪署则主理外籍官员、番邦首领的凶事仪式和丧葬事宜。史料记载，从唐朝初年至开元年间，就有三百余个国家和地区来唐朝贡或与唐建交，在这个空前开放的历史时期，鸿胪寺也锻造出极为精良的外交力量，在国际交往的最前沿展示"唐"的气魄和俊逸，为大唐帝国传颂了良好的世界形象。时至今日，中国人仍旧以"唐人"自居，以"唐风"自勉。据调查，截至2015年，全球共分布着67条"唐人街"，一千四百余年沧桑巨变，不变的是世人对"唐"的迷恋，而这份迷恋必定与鸿胪寺的外交魅力密不可分。

接待来使

唐朝开放程度高，与周边多部族关系融洽，无论是外国派遣唐使来学，还是藩国公主和亲都十分常见，因此历史上唐朝的鸿胪寺接待来使最为频繁。

公元717年，日本国选派仪表端正、文化修养较深、年龄20岁左右的中等贵族子弟抵唐留学。彼时日本造船技术落后，船队频遇海难，这批难得平安渡海的遣唐使，还被日本平安时代编撰的官方史书《续日本纪》

吉备真备画像

特意记载:"此度使人,略无阙亡"。巧的是,时年22岁的吉备真备就在这批留学生中,此时他的名字还是下道朝臣真备,直到29年后因功得到天皇赐姓,才获名吉备朝臣真备。

抵达长安后的使臣带领留学生先往鸿胪寺报道,在此登记造册后,由鸿胪寺保存簿籍,提供资助。唐朝每年向鸿胪寺拨粮一万三千斛用于外宾接待费用,留学期间各国学生们在国子监深造,研习唐代的天文、历法、音乐、法律、兵法、建筑等知识,他们的生活费用也均由鸿胪寺承担。不难想象,能力突出的下道朝臣真备与李训结缘自此,无论他在17年后返回日本,还是公元752年获名吉备真备后以日本遣唐副使身份第二次抵达长安、受玄宗接见……训、备二人在鸿胪寺的跨国之谊,中日两国的文化交流,都在唐风东渐的传奇中,留下了属于自己的色彩。

提供翻译

"九天阊阖开宫殿,万国衣冠拜冕旒。"随着唐朝丝绸之路影响不断扩大,东西方文化交流达到前所未有的高度，外交事务中翻译工作的需求量与日俱增，于是官方集结起专业的翻译团队，玄奘法师归国后就担任过印度语翻译，并从事翻译教学工作。鸿胪寺设有二十人的翻译机构，所属翻译官被称为"译语"，服务官方交流。有趣的是，除了官方培养，随着外交工作的多样化，唐朝民间也广布翻译机构，这些民间翻译官被称为"舌人"，他们做伴外来使节的私人出行，游览长安里坊，却也受身份限制无法涉足重要寺观，唯有在外使呈送申请获准的前提下，"舌人"才可以随从使者参与官方活动。

《客使图》

处理蕃客丧葬事宜

2004年，井真成墓志被意外发现。开元二十二年（734）井真成随日本使团入唐朝贡期间，在唐病逝。唐玄宗赴洛阳之前得知此事深为触动，不仅对他表示哀伤之意，还安排了丧事，追赠其"尚衣奉御"的五品执事官，以示褒奖。

《唐六典》卷18《鸿胪寺》记："若身亡，使主、副及第三等以上官奏闻。其丧事所须，所司量给；欲还蕃者，则给与递至境。"可见，如果蕃客客死唐朝，则由鸿胪寺考察死者身份，酌情按制处理丧葬事宜。即死者为三品以上官，鸿胪寺需要上报有关部门，并派灵车将他们送到边境；如果是六品以下的首领不用奏闻，但仍需"差车、牛送至墓所"。除需安排死者落葬方式以外，鸿胪寺还要在办公地点为蕃客首领设置灵堂，允准有关人员前来悼念致哀。

当外国首领和边疆少数民族首领死亡后，当地政府会派使者前来唐朝报丧，为表唐王朝对这些首领去世的遗憾心情，鸿胪寺也会举行类似的悼念活动。

管理侨民

贞观四年（630），唐王朝平定了东突厥，吉利可汗率部及沿途约15万突厥人南下归附，成为大唐百姓。玄宗不仅下令要求"所在州镇给衣食"，还免除番邦侨民十年赋税，各族商旅见此纷纷入唐侨居，使唐代侨民人口

井真成墓志（西北大学博物馆藏）

不下数十万，一时间"天可汗"名归，但从现实的角度考虑，官方最终还是收紧了统御天下的缰绳。

西市为唐长安城主要的国际贸易集散地，胡姬酒肆等坊间娱乐场所为侨民融入汉人生活带来诸多便利，因此侨民居所也主要分布在西市周围。为避免本土人口流失，杜绝因开放通婚导致的外交隐患，鸿胪寺典客署的官员为加强侨民管理，需贯彻禁妇令，禁止异族与汉女私自通婚，有违者处以流放刑罚；"如是蕃人入朝听住之者，得娶妻妾，若将还蕃内，以违敕科之"，即已经结合的夫妇，女方不得随丈夫离唐。此外著名的新罗坊也是唐代朝鲜侨民在楚州的聚居区，由鸿胪寺管理侨民事务。因新罗坊侨商精通航海技术，两国的友好交往也为唐代海上文明的传播提供了有力的交通保障，自公元701至736年，新罗37次遣使，并获唐册封，被誉为"诸蕃官方贸易之最"。

皇城内外

不难看出盛唐之开放包容在鸿胪寺往来间最为鲜明。曾有学者认为"对于多数旅唐使者而言，到访含光门内的鸿胪寺，就是他们此生最接近天朝核心脉动的地方"。一座含光门，将帝国最高权力与威严的所在与市井繁华联通起来，仿佛戏台上切换"出将""入相"身份的门帘：皇城之内，鸿胪寺官员们凭借出色的外语能力和邦交智慧，坐镇大国外交的最前沿，收集各藩国的资料和信息，塑造良好的天朝形象；皇城之外，大唐有序而熙攘，市井风雅也生趣勃勃，可细听端详近看百态，也可坦诚交流结友会朋，乐享大国安泰，小酌一味人间。

大社与唐代礼仪
礼仪之门的祝祷

自然诚然不是一个万物有灵的世界，丰收之年也并不因为祭祀敬神而到来，但我们仍然能够肯定的是人与自然依然存在某种相生相伴的紧密联系，我们仍然需要借鉴的是古人通过宏大的仪式向自然所表达的祝祷、敬畏与仰望。

  曾经迎接外来使臣与少数民族首领、见证着皇城内土谷祭礼的含光门，因为唐末与元代两个门道的相继封闭而覆没于城墙墙体之中，终于20世纪80年代重新呈现在世人眼前。自公元9世纪唐长安城被毁而改筑新城以来，层层夯土与砖石封闭了含光门的中、西门道，也隔绝了时间对夯土土体的侵蚀。

  如今大社祭祀的殿堂和鸿胪客馆中的葡萄美酒早已难寻踪影，但保存下来的含光门门道遗址仍可以充当我们想象的中介，借由史籍中文字的零散信息，在相同的空间中拼凑出属于另一个时间维度的图景。

祭礼

含光门曾经是名副其实的"礼仪之门",自含光门进入皇城中,东侧便是主管少数民族与外交事务的鸿胪寺,以及接待高级别少数民族首领、使臣的鸿胪客馆。而相比络绎不绝的鸿胪客馆,东边一座类似宗庙的建筑则显得格外安静,这是因为每年它启用的次数或许并不超过两次,但每当启用之时却显得异常庄重,因为这件事对于当时的王朝与帝王来说,是关乎苍生的大事。

如果我们能回到公元732年春分前后的春社日,那我们就能看到当时的国家最高统治者唐玄宗,正通过近乎严苛的礼仪,向土谷之神、天地之神祝祷。盥洗、朝向南方跪拜大社神座,在礼官太祝读毕祝文之后,皇帝两拜大社,同时进行"饮福"之礼:先将一点酒洒在地上以告慰大地之神,再品尝赞美以取悦神灵,最后才将剩余的酒一饮而尽。起身后,祭礼前一天下午所宰杀的牺牲和所烹煮的胙肉被放在专用的案板上,依然由皇帝进献给神灵。

这就是唐代极其隆重的社稷祭礼,甚至可以说是在历代中最为隆重的。开元二十年(732),唐玄宗敕撰的《大唐开元礼》刚刚完成,而其中将社稷祭祀的规格升为大祭,猪、牛、羊兼用。

而在正式的仪式举行的五天前,皇帝与大臣就已着手准备:

五日之前,参与祭祀的朝臣便在家开始散戒;两日之内,朝臣们的活动范围已经基本限制在办公所在地,不吃辛辣、有气味的食物,不探病吊

北京地坛中的五色土和钟形石也将前代祭坛的形式布置继承下来

丧、娱乐、刑杀——以此达到集中心神，亲近神灵并与其沟通的目的。

举行祭礼的场所是在一座四面以建筑围合的院落中。皇帝将要祭拜的"大社"，是方形祭坛中，用五色土围绕堆砌着的一块形状如钟的石：这块象征大地之神"社"的钟形石，一半掩盖在土中为方形象征大地的方正；在上方的一半被削尖，正描摹了万物生长萌动的瞬间。

春秋社日举办之前，院落中搭建临时的帷帐形成皇帝祭拜的核心空间，乐器（钟磬）、神位、牺牲以及皇帝所祭拜的位置都是被严格规定的："设歌钟、歌磬各于坛上近北，南向，皆磬簇在东，钟磬在西，其匏竹者各立于坛下南向"。在祭礼的不同环节中，所奏的礼乐章节是不同的：《顺和》迎神、《太和》迎皇帝，而《寿和》酌献及饮福。

神明

唐代大社祭祀的神灵是社与稷，他们是原始自然崇拜所遗留下来的神。社，是土地之神，护佑管辖范围内的土地、耕地；稷，是谷物之神，负责着人工培育的粮食作物。除了主祭的土谷二神灵之外，还有配享，也就是附祀于神的后稷和后社，他们是抽象的自然崇拜人格化的产物。土地之神"社"被人格化后，就不再是一块生殖崇拜的钟形石头，而是帮助人们抵挡洪水侵袭家园的后土句龙，也是成为教民耕种的后稷。

人们为何要对土谷之神虔诚至此？古代社会是农耕社会，而农耕文明中种子、雨水、土壤、虫害等都是对于丰收来说不可控制的因素，于是人们通过祭祀祈祷神明帮助丰年的到来。

早在西周时期，社稷的祭祀就已经作为规定的礼制被文字记载下来：

"王为群姓立社曰大社，王自为立社曰王社，诸侯为百姓立社曰国社，诸侯自为立社曰侯社。大夫以下成群立社曰置社。"这段话出自《礼记》，如鼎簋的数量一样，随着行政级别的升高，社坛的名称有着明显的区分。

从置社到侯社，再到国社、大社，管辖范围逐渐扩大，君主为管理整个天下所立的祭坛，才称之为大社——通天的权力仅仅归于"普天之下，莫非王土"的尘世最高领导者。

日食与祈雨

除了祭祀土谷之神的社日，大社作为全国等级最高的土地祭坛，还会举行合朔伐鼓和禜（yíng）祭城门等仪式。

合朔伐礼中的"合朔"，是指日月运行而达到同宫同度，也就是现在意义上的日食现象。对于古代社会而言，日食被认为是奇异的怪兽正在吞噬太阳，因此便衍生出敲鼓打锣吓退天狗食日的"伐鼓"之礼。唐代孔颖达《五经正义》中道："日有食也，礼有救日之法"，说的应

元张渥所绘《九歌》图
屈原的《九歌·东君》被认为与当时的救日仪式有关

当就是合朔伐鼓。

对于合朔之礼《周礼》就有记载，这套礼仪又在唐代得到进一步完善。祭礼进行时，史官穿着红色的衣服，站在社坛的北面，周围站着全副武装、分别占据东西南北四个方位的"工人"和礼官，史官一旦看到日食出现便发号施令，敲鼓奏乐声响起，"救日"行动便开始了，鼓乐直到日食结束才能停下来。天子此时也要有所行动，穿着素服，不居于正殿。

"禜"为古礼之一，《周礼》中"掌六祈以同鬼神示，曰类，二曰造，三曰桧，四曰禜，五曰攻，六曰说"，有六种祈祷的仪式用于与神明或者祖先进行沟通，其中"禜"作为一种仪式，可解释为止雨进行的仪式。唐代的禜礼，既有止雨、也有祈雨的含义，是人们为了消除与降水有关的灾害而进行的祭祀活动，在唐代其地位很高，是国家级别的礼典之一。

古人认为雨水为阴，雨水过多时，阴气过剩，要"止雨"就要关闭阴气的入口，而允许阳气进入，而"求雨"就是反其道而为之。因此，唐代为止雨的禜祭除了在城门、大社等处以"少牢"级别举行祭礼之外，还会关闭坊市的北门（北为阴）、封闭井口，甚至因为女性也带有"阴"的属性而被禁止在街上行走。

对于祈雨仪式而言，若旱灾严重，本应在城门的禜祭之礼也会在国家等级最高的土地祭祀场所大社举行；与此同时，还会采取在城市主街道朱雀街上"造龙"、统治者减少膳食，不用礼乐、减免赋税、下罪己诏等方式进行祈雨。这些仪式都可以看到雨水对农业社会的重要意义以及古代社会天人合一、天人感应的思想。其中止雨仪式中的"朱丝萦社",即用朱丝围绕社树十周,还遗留着原始巫术的印记。

　　补稷之礼、祈雨之礼等祭祀仪式以《周礼》为载体传承至清,他们是古人对土地、自然崇拜的产物,一定程度上,是古代社会以农为本理念的必然结果。时至今日,科学知识与工业化将古代社会自然崇拜的物质与理念基础双双铲除,钢筋水泥也将人类保护起来,人类终于获得文明的同时,也在现代化的城市中切断了与自然的联系。自然诚然不是一个万物有灵的世界,丰收之年也并不因为祭祀敬神而到来,但我们仍然能够肯定的是人与自然依然存在某种相生相伴的紧密联系,我们仍然需要借鉴的是古人通过宏大的仪式向自然所表达的祝祷、敬畏与仰望。

隋唐甲胄
向日金鳞

盛唐荣耀离不开统治集团的韬略与民心拥戴，更与阵前勇武、浴血戍边的战将密不可分，这一切都集成了李唐王朝拓国开疆的实力，更是唐人睥睨四方的底气。

对于今人而言，尉迟恭、秦叔宝等唐代著名将领的传奇早已不再陌生，每当新年伊始，家家户户满怀憧憬地抚平一对门神，心中默念着吉祥的期许时，一份对"中国将领"的信任就此传递，盛唐卫士身披甲胄"含光耀日"的形象也得以深入人心。唐代长安城城防选拔严格，宫城、皇城等禁苑守卫也倍加森严，北衙、南衙禁军各司其职，有效保障了统治集团与民间生活的秩序和安宁。

戎衣何日定，歌舞入长安。无奈甲胄文物的保留存在巨大难度，受限于唐代甲胄多以皮革或金属为主要材质，在出土时已被泥土严重侵蚀，用于甲片编缀的皮绳、麻线也均遭腐化。本篇根据相关史料对隋唐甲胄进行

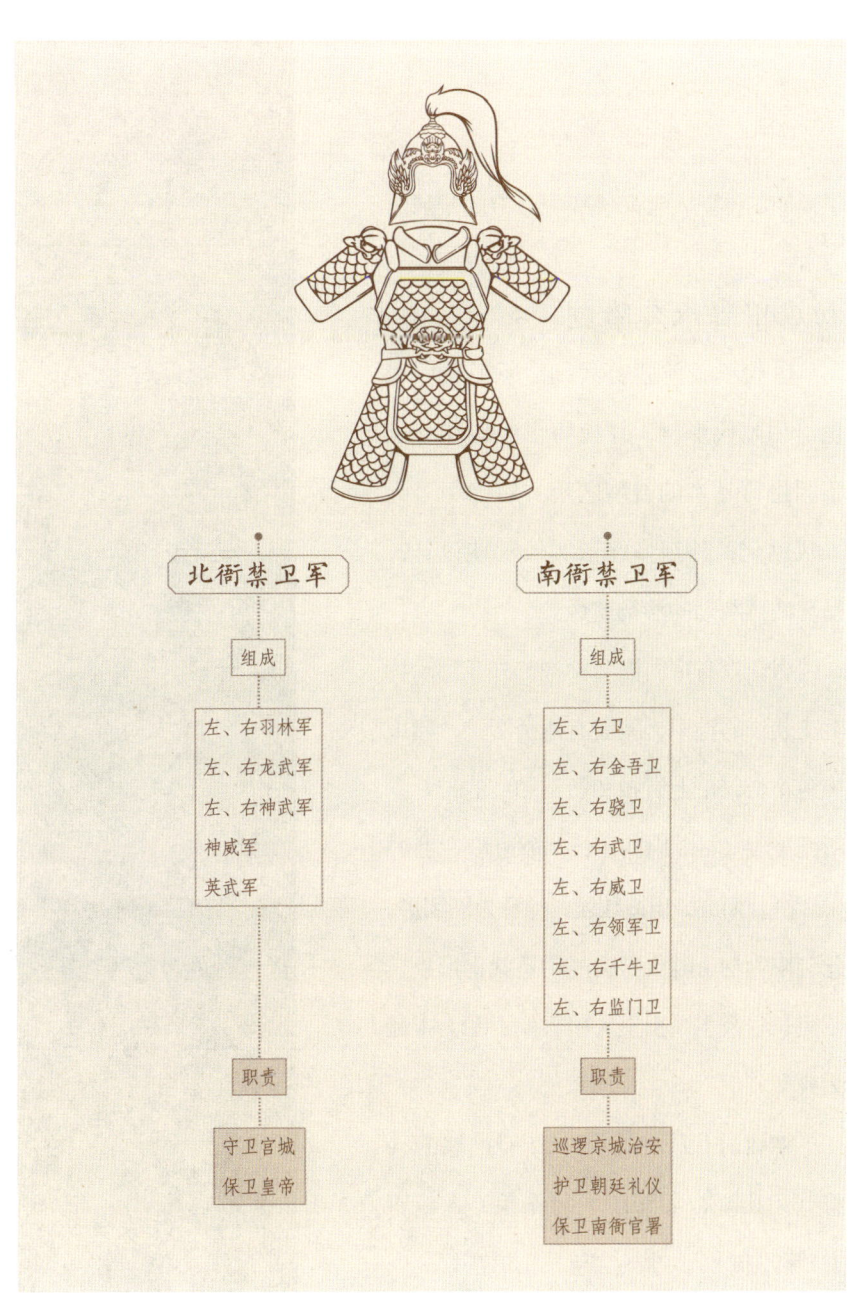

初唐长安城护卫机制说明图

了复原，再现大唐豪侠睥睨万方的雄风。

初唐甲胄承袭隋制

　　唐代承袭前朝府兵制，所配置甲胄也沿用隋代形制，并按将士级别和分工不同进行基本的造型区别。唐初甲胄尚未风格化，外观多保留实战功能设计，呈现威猛刚劲的沙场遗风。

　　银色直身甲内搭窄袖袍，外穿用动物毛皮装饰的铠甲，胸前有两个圆护，腰束黑色革带，带上有扣和便于扣结的带孔。所配兜鍪（móu），由十多个边沿弯曲的甲片拼合而成，顶饰红缨，护耳为椭圆形。此装束为初唐时代常见的甲胄武士形象，昭陵长乐公主墓出土《甲胄仪卫图》中最为典型。

　　初唐时代，在军队中阵前挑战的斗将开始出现，如开唐大将秦琼，《新唐书·秦琼传》载"惟叔宝与罗士信奋行……叔宝等驰叩贼营……每敌有骁将锐士震

长乐公主墓出土的《甲胄仪卫图》壁画（昭陵博物馆藏）

耀出入以夸众者，秦王辄命叔宝往取之"。因此作战人员的防护要求也变得更高，随着冶炼技术的发展，甲胄各部件造型逐渐丰富，分体扎甲，顾名思义是将各个防护区域分解，使肩、臂、腰、腿等防护更有针对性，且保证了行动随身、灵活，使甲胄的实战功能愈加完善。

盛唐甲胄风华彰显

"九天阊阖开宫殿，万国衣冠拜冕旒"。盛唐刚猛威仪与柔情绚烂的气质，在甲胄沿革历程中也得到反映。此时甲胄不仅在造型上更为浑厚扎实，还着意突出光耀华丽的审美特色，彰显大唐雍容、自信的时代气象。

《唐六典》所著"唐十三铠"，绢甲位列其中。盛唐时期的出土文物中有不少武士俑、天王像就身着繁缛而华丽的绢甲。绢甲甲面为华美的绢或织锦面料，饰有精致纹样，显然是一种仪仗甲，不具备实战功能，通常是宫廷侍卫、武士所穿的戎服。

金山纹甲上覆"锁子"结构，三枚锁扣为一组，连缀巧妙、易装难拆，灵活度极强，上身后更为贴合人体构造，转折轻松，使作战行动更加灵活，防护也更为全面。

龟背鱼鳞甲同样源自《唐六典》，复原造型参考山西双林寺"四大天王造像"明光甲结构。胸前护心镜选择六边龟背形甲片编缀，可有效分散锤击重力和远程狙击，而胸外区域采用鱼鳞形甲片，连缀结实，虽灵活不比锁子甲构造，但胜在密闭性、保护性极强。

唐银色直身甲（复原）

唐乌锤甲（复原）

唐绢甲（复原）

唐金山纹甲（复原）

唐金色龟背鱼鳞甲（复原）

唐金色龟背鱼鳞甲（复原）

唐黑色山纹甲（复原）

再战沙场

"安史之乱"后,唐代综合国力由盛转衰,军阀割据,战乱频起,又恢复到金戈铁马的时代,特别是铠甲,晚唐时形制已基本固定,在此后相当长的一段时间内,一直没有出现较大的变化。天宝十三载(754),哥舒翰设立神策军。神策军随哥舒翰东归后,在平定叛乱、保卫大唐的战役中立下了赫赫功劳,长安子弟一度以加入神策军为荣。

"安史之乱"后,张议潮领兵抗击吐蕃成功,遂统领归义军,敦煌壁画《张议潮出行图》中可见,张议潮率部所着银色扎甲结构简单、制造及穿戴方法简便,颈肩甲与直身甲仅在背部相连的设计类似今天的"连帽",不仅便于行军穿戴,更利于骑兵作战和步兵对阵,所以在军中大量装备。

甲胄别饰

早在商代就开始使用面甲,通常由薄金属打造,用于保护面部。北齐兰陵王所带面甲,是否仅为头盔尚在考证之中,不过兰陵王在作战时以护具遮面是可以肯定的,因其战姿英武、战功斐然,甚至被演绎为歌舞流传。唐代尚未有面甲造型出土,但据历史的记载和演义,仍能引起今人对"遮面"的遐思,向往着能够像历史上那些佩戴着面甲作战的勇士一样,所向披靡,如有神助。

俗话说兵来将挡,攻与击、范与防素来相辅相成,随着武器的大量升级,甲胄关节部位的防护需求也开始上升。据史料记载,陌刀为长约三米

唐银色扎甲（复原）

唐黄金锁子甲及面甲（复原）

"配备"肩吞的唐彩绘武士俑

的砍刀，对肩部的威胁较大，其杀伤力也要比矛戟等穿刺兵器强得多。进入永徽（650—655）以后，铠甲装备加入了虎头或龙头造型的护肩，采用自上而下的吞臂设计，又被称为肩吞，内衬的披膊有的垫在护肩下，有的为护肩取代。肩吞作为肩关节的重要护具，其形象也威猛无比，兽首怒目圆睁龇牙含臂，为着甲猛士增添了保障安全的底气。

唐代马铠一般不用于实战。已知文字记载和形象资料显示，重装骑兵在隋末就逐渐退出战场，所以一系列反映唐初战争场面的石窟、墓室壁画和雕刻，几乎看不到战马披铠的形象。虽早有古代皇家典礼中用马铠做仪仗的先例（魏晋时期《冬寿出行图》就有这种场面的描绘），但到了唐代，只有在一些帝王墓室的随葬俑中，才能看到装饰华丽、贴金彩绘的骑甲俑，其中懿德太子墓出土的骑甲仪仗俑装饰作用最为明显。

唐马铠战甲（复原）

再现盛世豪情

太宗李世民曾说"以我徒兵一千,可击胡骑数万"。盛唐荣耀离不开统治集团的韬略与民心拥戴,更与阵前勇武、浴血戍边的战将密不可分,这一切都集成了李唐王朝拓国开疆的实力,更是唐人睥睨四方的底气。而今当我们再次立身于镇守安宁的城墙,在隋唐皇城遗址的静默与恢宏之畔,一睹盛世甲胄艺术的华彩豪情,铁甲金戈虽已作土,但于我辈而言,代代传承的家国情怀其实从未变过。

西安城墙军事防御

筑城以卫君 造郭以守民

> 明太祖朱元璋深知江山来之不易，若要江山永固，"非深沟高垒，内储外备，不能为安"。

唐以后的长安虽然褪去了"都城"的光环，但就军事意义而言，哪怕"缩水"的长安，依然是维护西北稳定的战略要冲。元代改"长安"为"奉元"，元末奉元城又经历了数次战火摧残。明洪武二年（1369），朱元璋派开国军事统帅、右丞相徐达攻占奉元路，平定西北，旋即改奉元路为西安府，"西安"暗含西部疆土安定之意，也是西安之名的缘起。

明太祖朱元璋深知江山来之不易，若要江山永固，"非深沟高垒，内储外备，不能为安"。因此，"高筑墙、广积粮、缓称王"的战略也很快付诸实施。朱元璋分封诸子于各方，以屏藩帝室。后来，朱元璋次子朱樉获封西安，是为第一任秦王。为保障秦王的安全，大规模修建秦王府城和

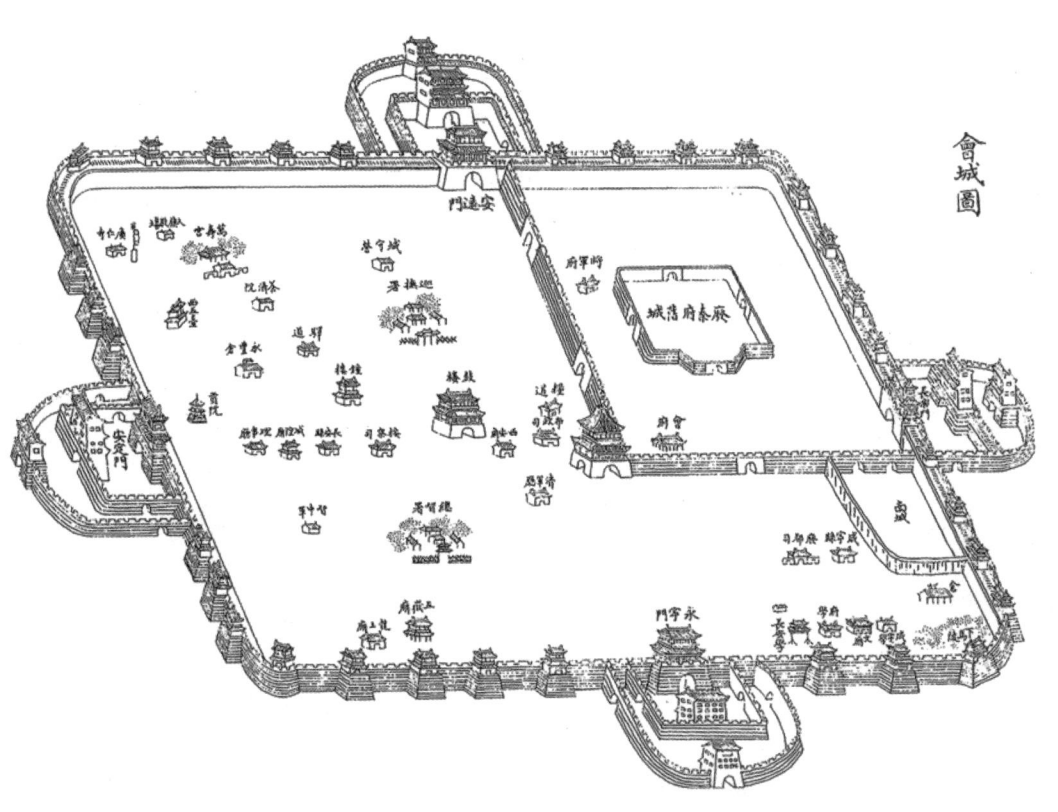

清《陕西通志》中的西安府城图
东北部小城为秦王府城，外围以萧墙分别连接东、北城墙，形成"城三重"结构

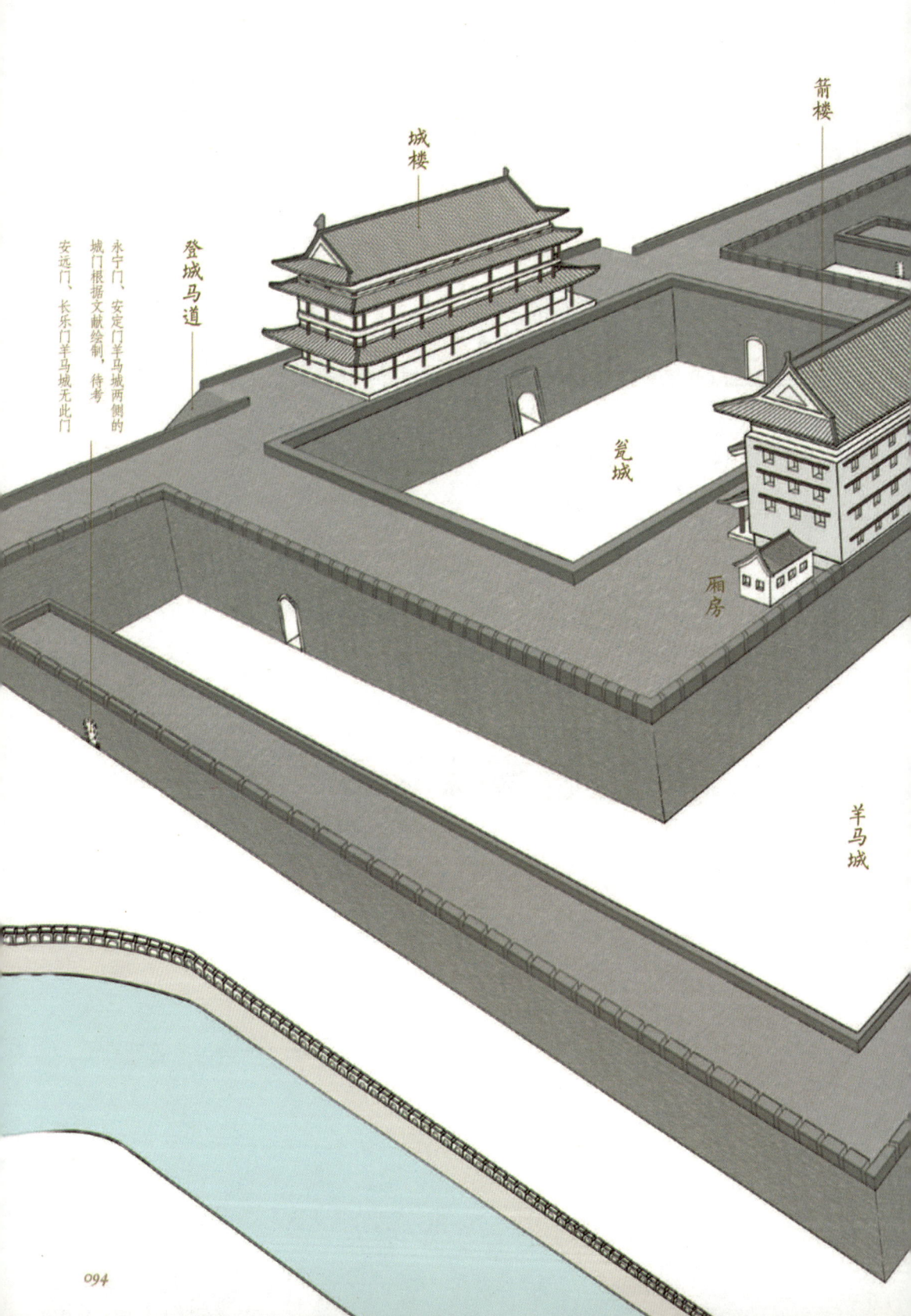

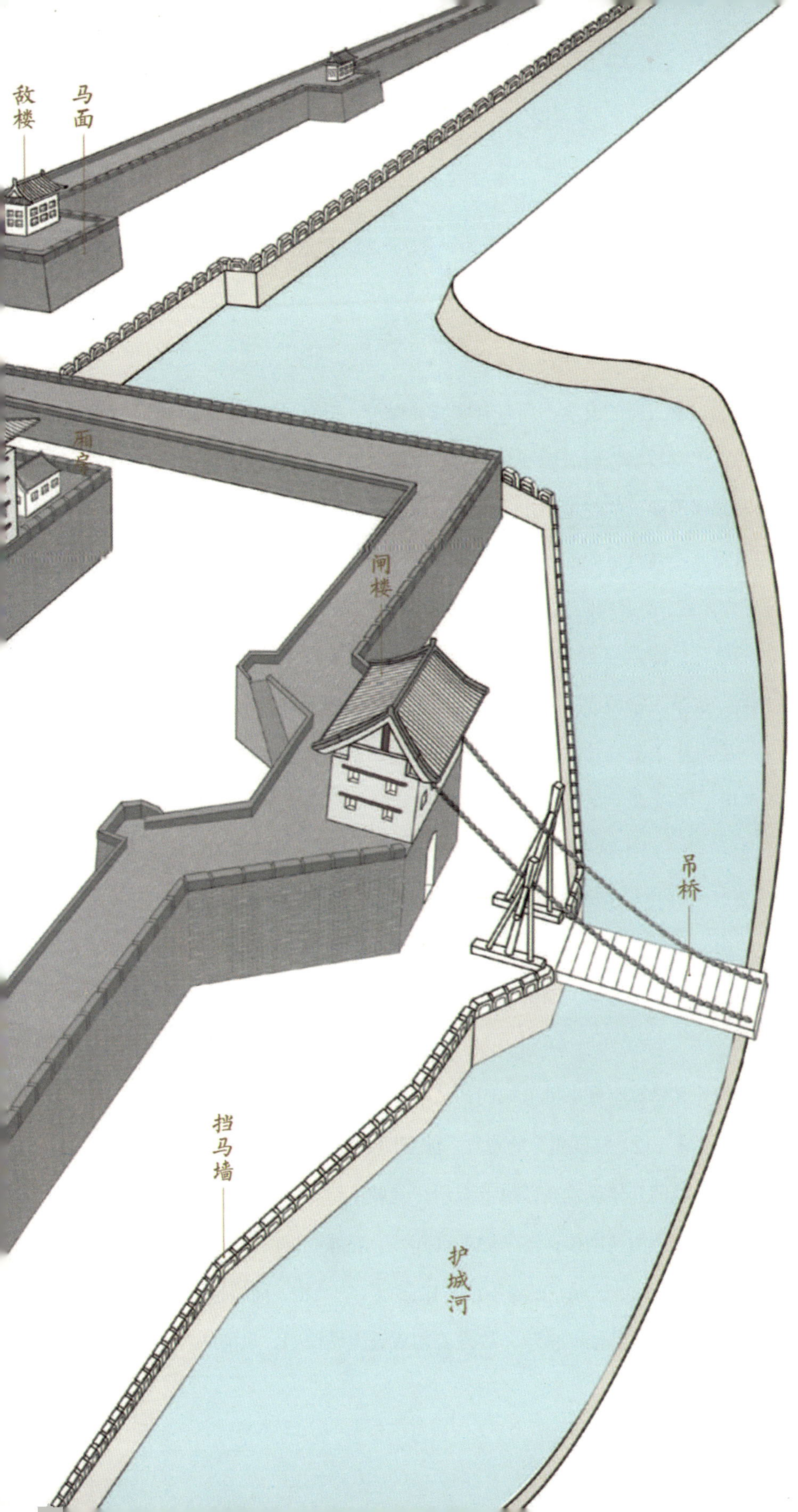

敌楼　马面　厢房　闸楼　吊桥　挡马墙　护城河

永宁门防御体系复原示意

西安府城墙。因而，秦王府的安全不仅有府城城墙保障，更有王府外的城墙作为双重保障，王府城墙与府城城墙共同构成以亲王为中心的完备的城防体系。明西安城属于秦王的封地，也是其府治所在。西安城墙属于以秦王府为中心的西安城防体系重要的一环，肩负着守卫秦王府以及城内百姓安全的职责。总体来看，西安城防体系最显著的特征是"城三重，壕二重"。

所谓"城三重"，即指秦王府内墙、萧墙以及西安城墙三座城墙。明初所定亲王府制"定亲王宫城周围三里三百九步五寸，东西一百五十丈二寸五分，南北一百九十七丈二寸五分"，故在秦王府四周以青砖砌成周长约 2.2 千米的城墙，所以秦王府又称为"砖城"或者"内城"。秦王府外又用夯土夯筑而成周长约 4.56 千米的土墙，也就是"萧墙"，进一步保障王府安全，萧墙内驻扎护卫队进行守卫。最外的一重则是周长 14 千米的西安城墙，三者共同构成"城三重"的结构，而在西安城墙外有一护城河，砖墙外萧墙内有一道护城河，而萧墙外并无护城河，从而形成"壕二重"的形式。

西安城墙城门外又修筑小城来拱卫城门，从西安城墙城门外的小城结构来看，其又具有"城三重、楼四重"的特点。城墙四面墙体各开一城门，城门上修筑城门楼，城门外修筑瓮城以拱卫城门，瓮城上修建箭楼；瓮城外又筑羊马城，羊马城上修建闸楼；羊马城外筑郭城，郭城开郭门，郭门上筑郭城楼。瓮城、羊马城、郭城，三者构成"城三重"的结构，而城楼、箭楼、闸楼、郭城楼则构成"楼四重"。敌人若想攻破主城城门，只能从最外围的郭城开始，循序渐进、依次攻坚，这一严密的防御体系极大地增强了城门处的安全系数，保障了城池的安全。

时过境迁，"三重城"中"府城"与"萧墙"主体部分早已荡然无存，仅剩下几段残垣，而作为府城城墙的西安城墙，历经各朝各代的修葺，仍然历久弥新，特别是经过近几十年的保护，极大地还原了昔日雄壮英姿。西安城墙的主体墙体、城门、吊桥、瓮城、羊马城、郭城、箭楼、城楼、敌楼、闸楼、角楼、女墙、海墁、登城马道等诸多设施，与护城河、城下马道共同组成一套完备的军事防御体系。

攻防重心——城门、瓮城、箭楼、城楼

城门

城门是整个城防体系的重中之重。高大的城墙坚不可摧，而作为平日进出城池通道的城门，相对薄弱，成为城防的弱点所在，一旦城门失守，敌人攻入城内，会极大地瓦解整个城防，于是城门处便成为攻防必争之处，为了更好地守卫城门安全，营建城墙时可以说是独具匠心。

西安城墙四座城门形制基本一致，城门洞为青砖砌成的拱券式结构，这种结构是元末明初军事防御上的重要创新，取代了自西汉以来沿用的过梁式结构城门，除门扇为木质结构外，整体均为青砖结构，有效地避免了过梁式城门难以抵挡火攻的弱点，不至于出现"城门失火，殃及池鱼"的事故。城门洞设计十分合理，以城门门扇为界，采用"外窄而内宽，外低

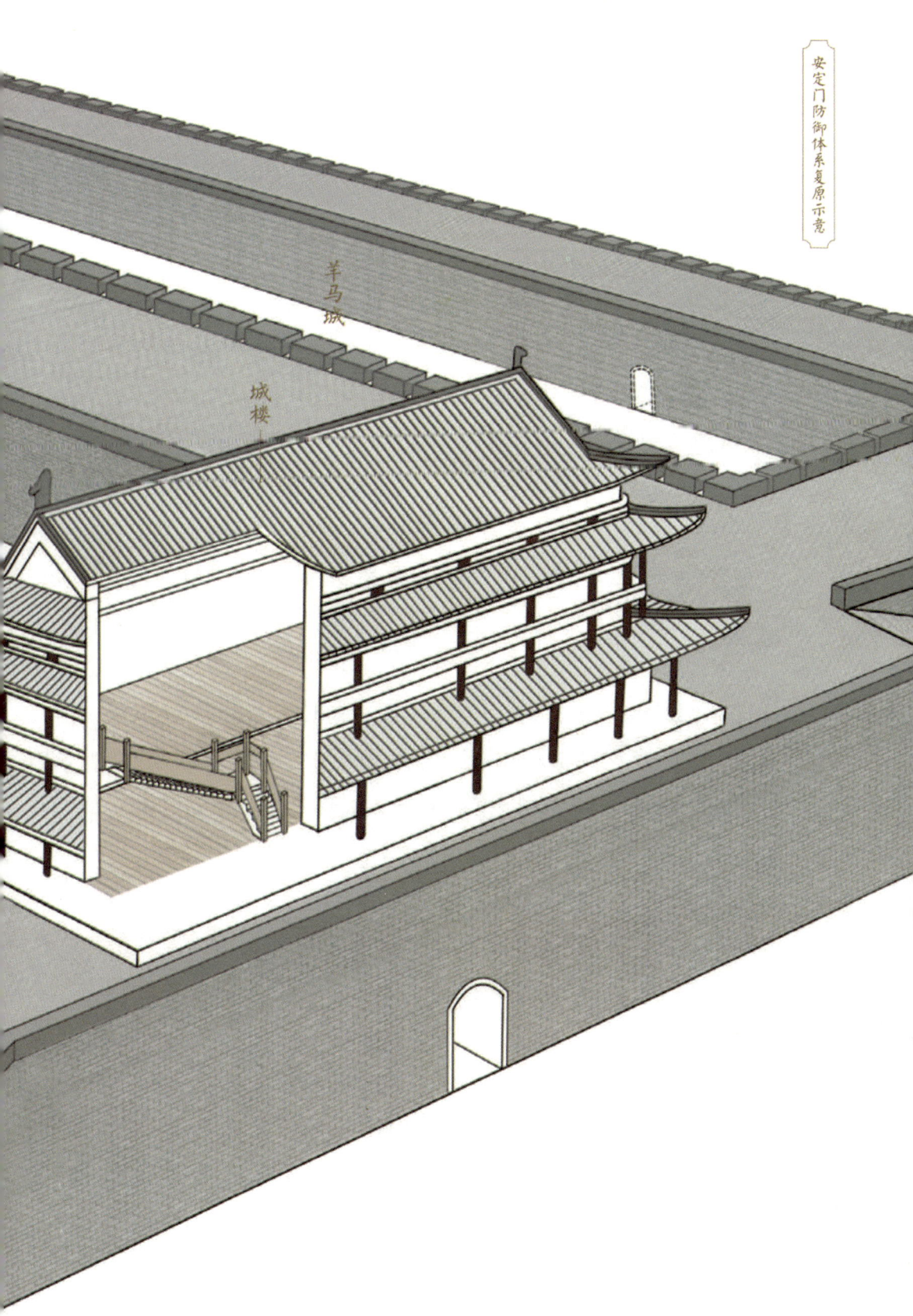

而内高"的布局结构，面向城里的门洞高大宽敞，而面向城外的门洞则矮小狭窄，使得攻守双方所处空间大小不一致，整体呈现出易守难攻之势。

城门门扇通体用实木制成，整体重约3吨，木板厚约16厘米，每扇门自上而下排列有9到15厘米宽的钢条，钢条上钉有大小泡钉，其中大者八十一，小者一千五百零八个，通过挤密作用，极大增强了木门的密度与强度，使得箭矢无法穿入。门后有一根长7米，直径0.24米的顶门闩将门牢牢拴住。

瓮城

瓮城位于城墙外，是连接大城墙、包围并保护城门的小城。守军可对进入瓮城的敌人四面攻击，置敌人于死地。它得名于口小肚大的陶瓮，故有"瓮中捉鳖"的成语。瓮城最早出现可以追溯到西汉。明代是城墙建造最为成熟的时期，各个城门大多使用瓮城，如明初北京，各城门仍建瓮城，保存至清代。一般瓮城平面分为矩形与半圆形两类，前者置于主要城门外，主城门与瓮城门同为一线。次要城门前面建半圆形瓮城，城门与道路曲折相通。西安城墙的4门瓮城为长方形，每个瓮城还有若干座城门。

闸楼

闸楼是保卫城门的第一道防线，一方面掌控着吊桥的起落，肩负阻止敌人渡过护城河的作用；另一方面，当敌人渡过护城河，开始冲击城门时，又起到阻击敌人、守卫城门的作用。即使敌人突破羊马城的门，进入羊马城，闸楼及羊马城上的士兵仍然可以对城内外敌军有效射杀，与瓮城的"瓮中捉鳌"有着异曲同工的效用。

箭楼

箭楼是守卫城门的重要军事防御设施。箭楼正面、两侧墙面上均开辟有洞户或方形箭窗，以增加防守及射杀力。西安城墙的箭楼面阔十一间，进深二间，外墙上开箭窗4层，每层12孔，两侧山墙，上开箭窗3层，每层3孔，箭楼共有箭窗66孔。

城楼

城楼，位于大城正门之上，外面有瓮城拱卫，也被称为"正楼"，如在《清实录》中记载，陕西巡抚毕沅上奏报修西安城墙时便说到"查四门正楼四座，箭楼四座，外层炮楼四座，角楼四座，卡房九十八座，看守楼座官厅四座"，显然这里的正楼指的便是城楼。瓮城、羊马城以及大城城门多不在一条直线上，以避免敌军长驱直入，而使其在城中绕行，便于守军有效杀伤攻城敌人。

城楼楼体高20米。建筑形式为重檐歇山式，二层，回廊环绕，素面清水脊。平时在城上可以登高远眺，城内景色尽收眼底，战时城楼又作为守城军官指挥之所。

羊马城

唐代杜佑在《通典》卷一五二《兵五·守拒法》中载："城外四面壕内，去城十步，更立小隔城，厚六尺，高六尺，仍立女墙，谓之羊马城。"羊马城，也称牛马城，也就是拱卫瓮城和大城墙较矮的城墙。

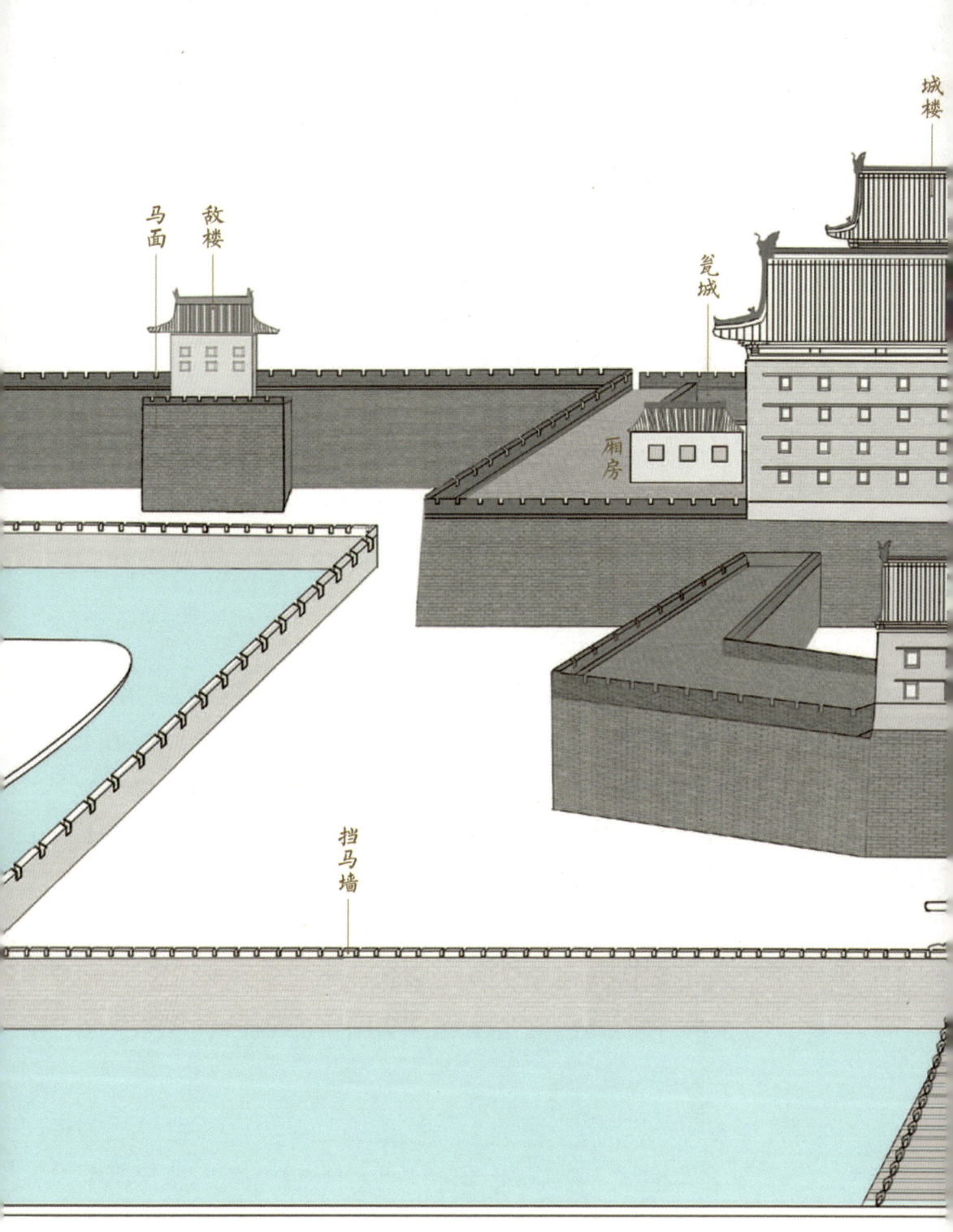

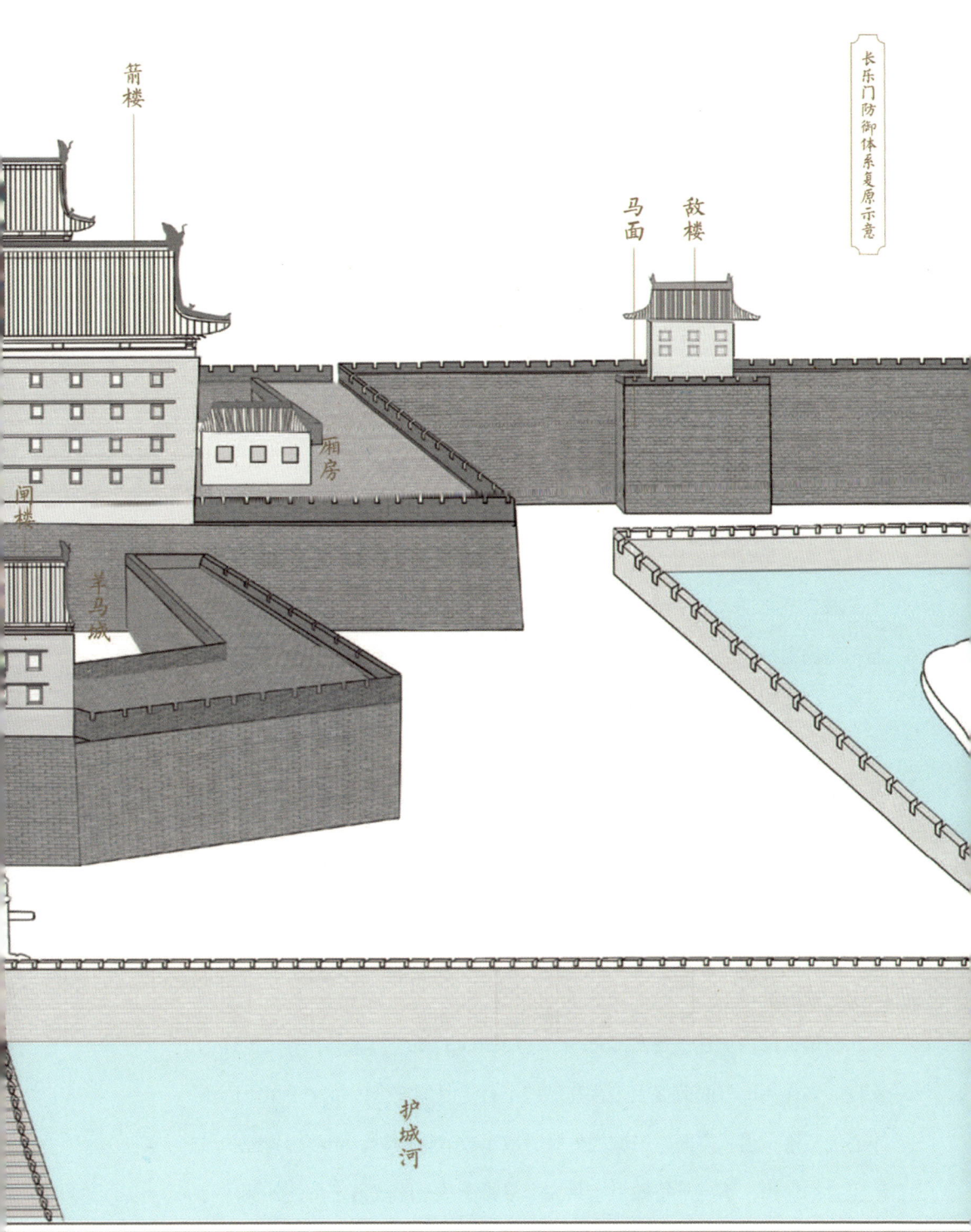

月城

月城者,"临水而建,两头抱水,形如却月",是守卫吊桥的桥头堡,而西安城外有四关郭城进行守卫,这也使其并无设置月城的必要。虽然瓮城、羊马城、月城这三者的形态类似,都可以建成半圆形的小城,但实际上三者的还是有所区别的。月城是"两头抱水",即建于护城河外侧的;而瓮城自不必说,是在城门外修筑的小城,瓮城墙两头与大城城墙相接;而羊马城则是"临城而建",两头与瓮城城墙或大城城墙相连接,位于城墙外、护城河内。

生命线——城墙

城下马道、登城马道、海墁、宇墙以及垛墙的存在保障了西安城墙兵力迅速调配的通道畅通,使得守城将领能够迅速应对敌人的攻势,这是关乎城墙安全,关乎城池安全的生命线。

女墙、垛墙

城墙顶部内侧建造高约0.85米,厚约0.45米的宇墙。宇墙,也称为女墙。其作用一方面确保了士兵在城墙上行走时的安全,使之不至于因不小心而坠落;另一方面,当城门失守,敌军攻入城内时,能够起到掩护城上士兵的作用,不至于将城上士兵完全暴露于敌军的攻击之下;外侧建有高约1.75米,厚约0.51米的垛墙,垛墙上建垛口,垛口(原有弧形封顶脊砖,垛口呈圆弧形,近代修葺城墙时未恢复)高0.9米、厚0.45米、宽0.6米,

女墙

垛墙

马面

全城共有垛口5984个。垛墙的底部，每隔2.7米处有高0.35米、宽0.28米的方孔（悬眼）。通过悬眼观察情势，由垛口处向下射击。这既极大地保障了守城士兵的安全，又能十分有力地杀伤敌人，在以后的实战中充分发挥了作战优势。

马面、敌楼

《武备志》卷一百一十一有云"有城无台，亦如无城，是城所以卫人，台又所以卫城也"，充分指出了敌台的重要性。敌台是突出于城墙外侧的墙体，俗称"马面"，能够对周围敌人进行全方位打击，将城墙的线性防御升级为立体模式，提升纵深防御能力。弓、弩、投石器等守城兵器均在有效射程以内，自上往下从3面攻击城下的敌人，确保两马面之间无攻击死角，能够给予试图从墙脚逼攻城上守军的敌人以致命打击，避免了士兵在城墙上不敢下望打击墙脚敌人的弊端。马面上修建有敌楼，敌楼居高临下，一

排水槽

方面可以起到瞭望敌情的作用,另一方面也是一个重要的火力点。西安城墙外侧,每隔 120 米筑有一伸出城墙外宽 20 米、长 12 米、高于墙顶的马面,共计 98 座。

海墁、排水槽

  海墁层由三层城砖砌成,整体向内倾斜约 5°,使得降雨后水分易向内侧汇集,通过内侧环城一周的排水槽排出,最后流入墙脚的沟渠里,这样避免了城墙顶部积水及雨水渗入破坏墙体的问题。西安城墙每隔

角台、角楼

40～60米设置一个排水槽，全城共计167个，顶部槽口为石制而成，宽约0.65米，深约0.76米，槽身为砖砌而成，下部与沟渠相通。

马道、登城马道、海墁、宇墙、垛墙，这些设施共同保障了城墙防御兵马的调配，使得防守将领能够根据战争情况及时部署防守兵力。

角台、角楼

陈规在《守城机要》中曾说道，"城身，旧制多是四方，攻城者往往先务攻角，以其易为力也"，而在城角建造突出于墙体之外的角台则很好

III

地解决了这一缺陷。在西安城墙四角均建有突出于墙外约11米，高出墙体约1.9米的实心角台，上建角楼，战时作用等同于敌台与敌楼。

护城坡、登城马道

西安城墙全长13.74千米，城墙高约12米，底部宽约16～18米，顶部宽约12～14米，墙体平均厚度达到15米。城墙为"内土外砖"结构，即用黄土或者黄土类土夯筑而成土芯墙体，在土芯墙外侧及顶部海墁均用青砖包裹。这种结构既有效地保护了城墙，使得城墙在自然应力作用下破坏速度降低，同时也极大增强了城墙的防御能力，使得正面破坏城墙难上加难。外侧墙面坡度约80°，陡峭异常，加上高大的城墙，极大地增加了敌人攀墙而上的难度；从而，城上的防守人员可以从容、有效地进行阻击。城墙底部墙基采用条石或者青砖砌成，墙下开挖基槽，以分层夯实的填筑土为基础，基础以下以原始堆积的黄土层作为城墙基础的地基，整体异常稳固。

沿墙脚一周，有一宽约20米的马道；城门两侧均有登城马道，马道宽约6米，由城墙底部约呈45°向上达到城顶，顶部与城墙海墁持平。战时全城兵马可以在城下进行调配，通过马道奔赴全城各处，由登城马道登上顶部海墁进行防御。

护城河、吊桥

护城河也称城池、城隍、城壕。城池，指古代都邑四周的城墙、护城河，是防御的一道屏障。《礼记》有云："城郭沟池以为固。"就古代城市而言，一般建城垣就有护城河，其实例最早可上溯到我国的原始社会，如半坡、姜寨遗址外围的大围沟。而湖南澧县城头山古城之外壕，至今宽度也有35～50米，深度4米左右，系利用天然水道再加以人工整治开掘而成，除防御功能外，也有供船只往来及城市排水的功能。护城河一般环绕于城墙外侧，如明清的西安城。少数也有在城墙内侧再修一道内护河的。大城里建的内城，如帝王都中之宫城、州府郡城中之子城等，城下也常凿有护城河，如明清北京的紫禁城。

在城门前护城河，常掘成外凸的月弧形，可使入口处有较大的活动面积与空间，在此架设桥梁，以便交通。所架的桥梁，有固定式样的平直木桥或石桥。在不太宽的河道水面，也有可在护城河上使用并能随时起落的木质吊桥。吊桥，也叫钓桥。《武备志》卷一一〇《军资乘》说："钓桥，造以榆槐木，其制如桥，上施三铁环，贯以二铁索，副以麻绳，系以城楼上，桥后去城三步，立二柱……置熟铁转轮为槽，以架铁索并绳，贵其易起。若城外有警则楼上使人挽起，以断其路，亦护其门。"

四方拱卫，磐石之安——四关郭城

"筑城以卫君，造郭以守民"。西安城墙军事防御系统还包括护城河外拱卫大城的四关郭城。其中东郭城从明嘉靖《陕西通志》及万历《陕西通志》中的省城图中可以看到，显然明代东郭城已经修建。到了清代，东郭城的形制也明显与其他三座郭城不同，南、北、西三关郭城平面均

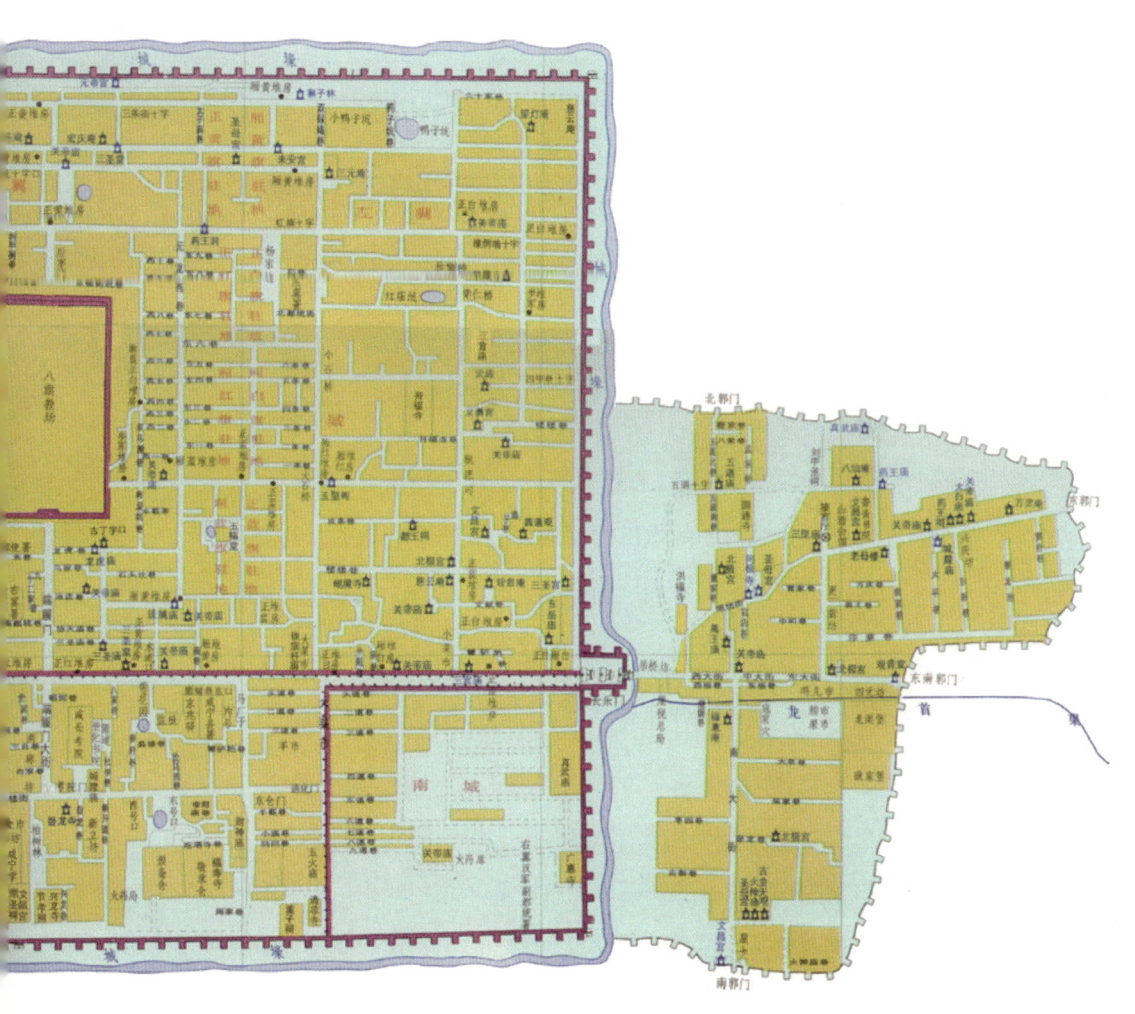

清西安府城及四关郭城

近似矩形，而东郭城则是不规则形状，且面积远大于其他三座郭城。东关郭城占地面积最大，城墙走向多有曲折，大约是沿唐兴庆宫遗址北面走向修筑。

关于西安修建四关郭城的文字记载，最早见于清康熙《咸宁县志》记载："崇祯末巡抚孙传庭筑四郭城。"此后的雍正《陕西通志》、乾隆《西安府志》等地方志均有所记载。明崇祯九年（1636）三月，崇祯皇帝派孙传庭就任陕西巡抚，孙传庭就任后，在陕西实施"清屯充饷""清军练兵"政策，清理官员和地方豪强对军队屯田的侵蚀，达到自筹经费的目的。同时，开始实施对陕西地区军事防御和后勤保障方面的整治。同年九月在陕西周至的黑水峪之战中，镇压了起义军中势力最强的高迎祥部后，主要对包括东关郭城在内的西安城墙防御体系进行了加固修缮，重点在南、西、北三座羊马城门外建造郭城。

修筑郭城的原因，无疑是为了加强西安城的军事防御能力。明末社会动荡不安，北方后金虎视眈眈，全国范围内农民起义此起彼伏，明朝的统治已经危在旦夕，陕西更是农民起义的"重防区"，于是陕西巡抚孙传庭下令加修东关郭城，新筑西、南、北三关郭城，以加强城门处的守卫。西安"一大城，四关城"的城市空间格局自此奠定下来。进入清代，尤其是同治年间民族矛盾激化后，四关郭城的建修活动日渐增多，充分凸显了郭城城墙在西安城防体系中的重要性。从防御功能而言，四关郭城的城墙各自独立，与大城城墙之间有护城河相隔，俨然大城之外的"拱卫者"，具有宋元时代京兆府城与长安、万年两县县城相互依恃的"罗城"（拱卫大城独立的小城）遗风。但明清时代的四关郭城分别对应着西安四座城门，在护卫形态上更为严密，能够对大城最易受到攻击的城门、吊桥形成良好保护。同时，四关郭城内部空间较为充裕，不仅能够供商民居住，而且可以驻守军队，从而构成西安大城最外围的防御网络。

城墙攻防武器
高城池深不足以为固

攻守之间不仅是勇气的拼搏，也充满了智慧的较量。

在古代，城市往往有着重要的战略地位，城市的得失常常关系到战争的胜败乃至国家的存亡。城墙的发展无疑给攻城的一方带来了许多困难，为了克敌制胜攻城夺地，进攻的一方便不断发明能对付深沟高墙和坚固城池的新型战具；而守城一方除加固城池，使之更加易守难攻之外，也针对攻城战具的发展，制造出能与之抗衡的守城战具。这样一来，古代战争也就变得更加激烈，攻守之间不仅是勇气的拼搏，也充满了智慧的较量。

本篇根据我国古代经典兵学著作《武经总要》和《武备志》的记载，对主要的攻防战具作一介绍：

攻城部队		守城部队	
围城驻营		**护城河**	
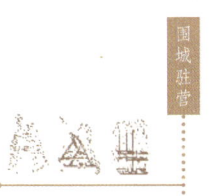		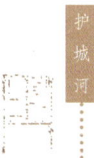	
架设远距离攻击器械 摧击城防设施		抽起吊桥，阻止敌军通过护城河，消灭攻城敌军的兵力	

	架设望楼、巢车 侦察瞭望城内军情	**羊马城**	

过护城河		利用反击式器械，摧击攻城部队的人马和器械	击砸敌军设置的抛石机、床弩阵地和望楼、巢车

铺架壕桥	士兵和攻城器械通过壕桥向城墙靠近	利用弓弩和抛石机向攻城敌军发射箭镞、石弹、击砸敌军人马，摧毁敌军各种攻城器械	以重兵坚守城门，并利用地听侦听敌军是否在挖掘地道，以做好反击准备
攻城门攀城墙		**瓮城 城墙**	

在轒辒(fén wēn)车和各种活动掩体遮挡下挖掘城基、钻凿城壁	利用撞木撞击城门、架设各种云梯攀登城墙		从城墙上推出托杆、抵篙，托阻云梯、对楼车，使其不得贴附城墙

利用吕公车和对楼车等高层攻城车塔直接登城	选择要点挖掘地道攻入城内	向城下击砸滚木醋石、喷浇烈焰铁汁，杀伤攻城士兵，烧毁攻城器械	通过竖井向地道内簸扇烟焰，熏灼从地道内攻入的敌军
结果		**结果**	
成功	失败	坚守有效、有援军	坚守无效、无援军
攻战坚城	撤围而去或全军覆没	守城	被攻破

攻城和守城步骤示意图（根据于孟晨、刘磊《中国古代兵器图鉴》绘制）

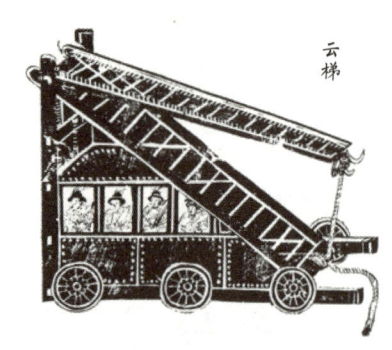

云梯

云梯

  云梯是古代攻城时攀登城墙的长梯，由梯体、底部车轮、顶部钩援三部分组成。《墨子·公输》有："公输盘为楚造云梯之械成，将以攻宋。"《武备志·军资乘》："以大木为床，下施六轮，上立二梯，各长二丈余，中施转轴，四面以生牛皮为屏蔽，内以人推进，及城，则起飞梯于云梯之上，以窥城中，故曰云梯。"由此可知，它是以人力推动，支附于城墙上，钩挂城缘，防止被守军推开，以便攀附登城。相传我国夏、商、周时期已有云梯，当时称"钩援"即顶部安装有铜钩的一种木制长梯。春秋战国时，梯身有所延长，为搬运方便，安装了一副活动轮子，将梯身平放在上面，攻城时，先把它推到城墙下，撤掉轮子再竖起靠在城墙上即可。以后云梯又有了很大发展，变成了一种车式云梯。这种云梯很大，可以折叠，斜装在一个多轮车的底座上，两侧用皮革防护，里面还可以坐人。

杷车

  宋代登城器具的一种，木床下安六轮，上架飞梯，抵城后用支竿升起飞梯，用以登城。

搭天车

  车下安四轮，上安斜梯和飞梯，两梯中部安装枢轴，飞梯顶端安有搭钩，攻城时靠绞车将飞梯绞起，搭住城垛，便于攀登。

杷车　避檐木飞梯

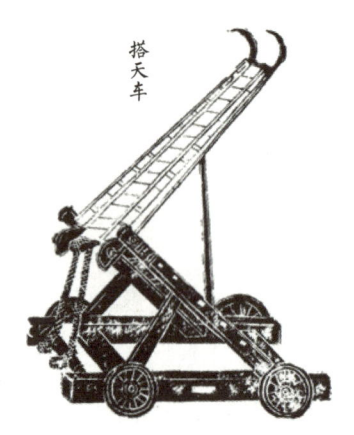

搭天车

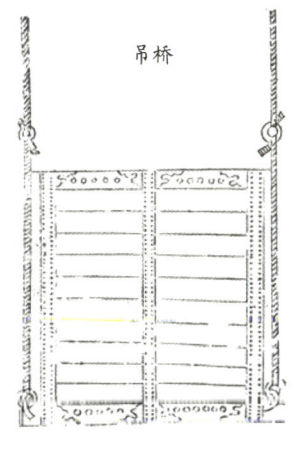

吊桥

吊桥是护城河上的活动桥，用榆槐木制成，其形制如桥，长度大于河宽，分上下道，在离城远的一端安铁环，贯以二铁索，再接以麻绳，系于闸楼上，离城三步远立木柱两根，上安铁"转输"以架绳索。以便于将桥扯起，若城外有警，则楼上使人挽起吊桥，以断其路。

布幔

《墨子》中提到守城器具"渠答"即属布幔一类，唐宋时代布幔形制相同，皆以多层布为主，用竹竿悬于女墙外，可遮挡炮石之势。

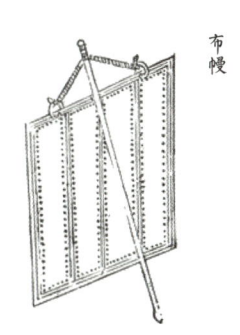

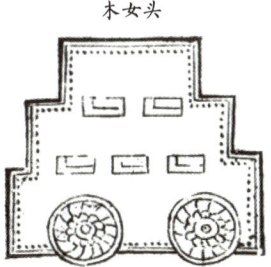

木女墙、木女头

这两种以四轮车上安木板，高六尺，阔五尺，中有两排方孔，凡敌攻坏女墙时，以此替代女墙。

行炉

炉内盛铁汁，用于从城上泼烧敌人。

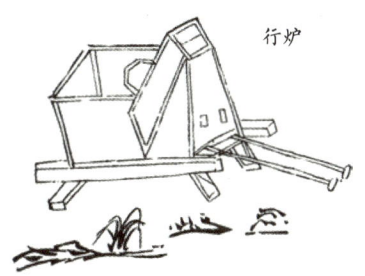

行天桥

行天桥是指在六轮木床上,用立柱斜撑起一座云梯,用以登城。

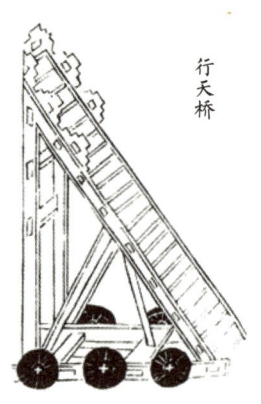

临冲吕公车

明代临冲吕公车,在八轮车上面,建五层木板楼,与城等高,外蒙生牛皮,每层有士卒若干人,临城时既可用于登城,又可进攻。

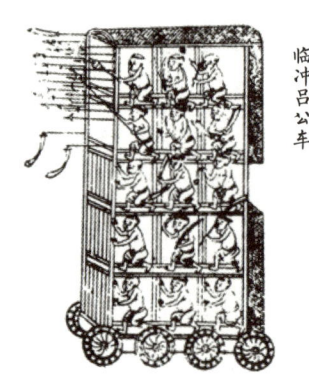

楼车

楼车又分为望楼车和巢车,是用于瞭望的一种军用车辆。据《左传》载,鲁宣公十五年(前594)春,而南方的楚庄王发兵攻宋,宋国向晋国求救,但晋国并没有发兵,而派解扬前往鼓动他们坚守。不料郑国人在途中抓住了他并献给了楚王,楚庄王要他登上楼车向宋国城内喊话,说明"晋军不再派援军了"。可是解扬上了楼车后就说:"晋国已出动全部军队,请宋国坚守待援。"结果宋军坚决抵抗,而楚军则围攻数月不克,只好退兵。望楼车有四轮底座,上面竖一高竿,称"望竿"。它周身有脚蹬,最高处有一望楼,用以载人瞭望。望楼四面开有瞭望孔,并蒙皮革防护。架设时还要用绳索和橛子固定。巢车,则是在八轮车底座上竖起一个门式高竿,又在高竿顶部装置辘轳,用绳索起吊一个用来瞭望的小屋。

檑木

礌木、礌石

礌木又称檑木，是守城者打击攻城敌人行之有效的武器，《水浒传》第九十二回有"一面准备檑木、炮石，强弓硬弩，火箭火器，坚守城池，以待救兵"。礌木，以大木制成，长四尺，径六寸，上设有铁刺，主要针对从云梯上攻来的敌人，杀伤力巨大。

礌石，是守城军士的主要武器之一。据《魏书·李崇传》载："鹫峡之口，积大木，聚礌石，临崖下之，以拒官军。"礌石分有大、中、小不同型号，它主要用于击毁敌人的攻城器械，如木牛车、尖头木驴等，其形体为球状，重量又大，从城上向下抛掷威力巨大，故称礌石。

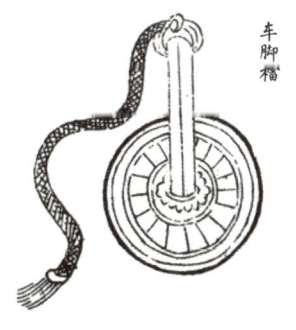
车脚檑

狼牙拍

狼牙拍用长五尺、宽四尺五寸、厚三寸的榆木作拍，拍上密布狼牙铁钉，四周安利刃，两端装铁环连于麻绳上，敌攻城时，将其掷下拍击攻城者，可反复使用。

飞钩

飞钩又名铁鸱脚，钩锋长利，弯形四刃尾部贯以铁索，以麻绳续之，连于绞车上，从上掷下，抓获敌人。

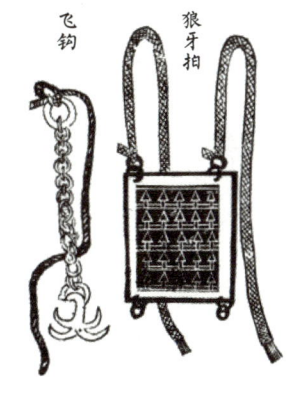
飞钩　狼牙拍

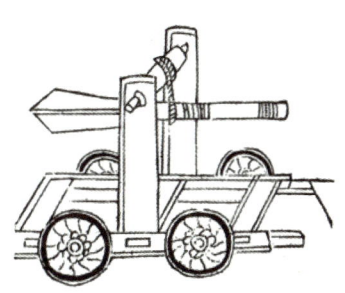
撞车

撞车

在四轮车上，安装撞木，裹以铁皮，用于撞击敌人飞梯等攻城器械，也可用于撞击城门。

钩车

宋代把钩车称为搭车,是在四轮车上安长竿,竿顶端装长爪钩,攻城时,将其推至城下,靠转轴将长爪搭在墙堞或敌楼上,反向拉车,用以破坏敌人城堞,南北朝已广泛应用,《南史·臧焘传》附:"魏以钩车、钩垣楼,城内数百人叫呼引之,车不能退。"说明这种车的庞大坚重。《梁书·侯景传》说:"景又攻车府城,设百尺楼车,钩堞尽落,城遂陷。"

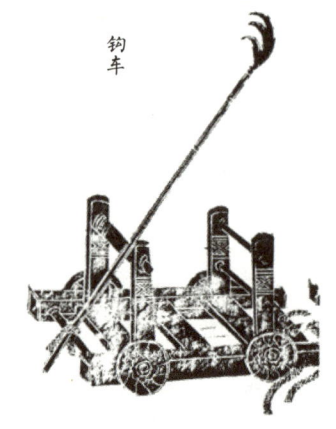

钩车

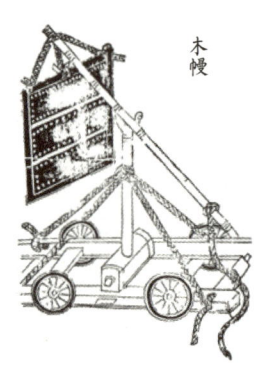

木幔

木幔

唐代以板为幔,用长竿支于四轮车的立柱上,竿另一端以绳挽之,可以调整木幔的高度,攻城时悬起木幔逼近城堞,使攻城者借以防御守城人矢石,宋时木幔与唐时基本相似。

轒辒车

这是一种坚固防护的攻城作业车。《孙子·谋攻》中有:"攻城之法,为不得已,修橹锁辒车具器械。"可见春秋时期轒辒车就较普遍使用了。古代攻城作战,经常需要抵近破坏城墙、城门或者挖地道等。如果没有相应的防护措施,进行这些作业就容易遭到来自城上的箭、石等兵器的攻击,十分危险。使用轒辒车作业,就比较安全。轒辒车也有一个多轮的底座;上面两侧和顶部用木板做成垂直的两壁和两面坡式的顶为防护,外面还蒙有坚实的皮革,前后透空,车内可容十多人,作业时,人在车内将车推至城下,然后就在车内进行作业。而城上射来的箭、砸下的石块等均能被车顶、壁遮挡住,不能伤害车内人员。后来还出现了其他不同形状的轒辒车,平顶的叫"木牛车",两壁向内倾斜成夹角的叫"尖头木驴"。

轒辒车

绞车

在四轮车人字形支架上安绞杠,绞绳上连有飞钩,力可挽起二千斤,凡敌飞梯、木幔、木驴等器械临城作业时,将飞钩掷去,把敌方器械抓获后绞上来。

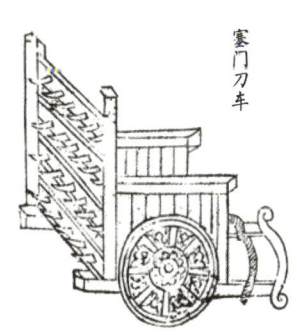

塞门刀车

塞门刀车是一辆木车前厢装有数层利刃,余眼加以火铳,一旦有城门被攻破的危急情况出现便可用该车堵塞缺口,点燃火铳,使敌人不能前行。

铁蒺藜

古代军用障碍物,一种状似蒺藜籽的多刺钉,通常布设在地上或浅水中,用以阻碍敌方人马、车辆的行动。战国时已应用于守城战中,《墨子·备城门》中有"积参石,蒺藜"的记载,秦汉以来用途日广,除城防布设外,在敌必经之路,自己营区周围也常布施,它的刺与刺间的夹角为130度,故掷地后,三尖着地,一尖向上,推倒立尖,它尖又起,总保持一尖向上。三国蜀与魏交战时,曾大量使用铁蒺藜,《诸葛亮集》载,建兴十二年(234)秋,诸葛亮卒于五丈原,军迁汉中,蜀长史杨仪遵照遗嘱,退兵路上布满了铁蒺藜,迫使司马懿用3000人穿着平底木屐开路,起到阻滞敌人的作用。唐代还有大型的铁蒺藜,它是用熟铁打造成四条各长一尺二寸的尖铁,纵横提放,中间灌以生铁汁而成。每个重50斤,守城时,将其连于辘轳上,可击打攻城木驴等攻城器械。宋代种类更多,有水中用的"铁菱"地上用的"八角铁蒺藜",将铁钉钉在木板上布于要道之中的"地涩",陷马坑中布放的"搊蹄"等。

钩撞车

宋代装备，其制与木驴近似，其尖顶分为两层，上层布列刀枪，下层藏士卒，攻城、挖地道均可用。

钩撞车

铖鹊车

铖鹊车

四轮车上安双立柱，顶端施转轴和长竿，竿首安有半月形铁铲，用以破坏城上垛墙。

火车

火车

车上装硫黄、松香、柴草等引火物，以焚烧城门、城楼。《南齐书·高帝记》载："俄顷，贼马奄至，又推火车数道攻城。"宋代火车是车上安炉，锅内盛油脂，用炭火烧沸，四周积薪，推至城楼下，敌见之必用水扑救，油见水其焰更高，则楼可燔也。

弩台、弩、弩机

弩台，一种发射弩矢的台子，上狭下阔，高与城等，面阔一丈六尺、长三步，与城相接台内可容弩弓手十二人。

弩，用机械发射的弓，也叫"窝弓"，是一种具有较远射程和杀伤力较强的武器。它具有可延时发射及命中精度高的优点。《说文》云："弩，即带木臂的弓。"由弩臂、弩机和弓弦组成，弩的种类很多。大者或用脚踏，或用腰开。有数矢并发者称连弩。

弩机是木弩的铜质机件，装置于木弩臂的后部。一般弩机四周有"郭"，"郭"中有"牙"，可钩住弓弦。"郭"上有"望山"作为瞄准器，发射时，瞄准望山的刻度，扣板悬刀，牙即缩下，其所钩的弦骤然松开，有力地将矢发射出去。计算弩强度的单位称石，根据机身上的铭文和汉简以及古籍记载，弓力有一、二、三、四、五、六、七、八、十、十二石等数种，最常使用的是六石的，射程可达260米左右，明代时有三弓床弩，所用的箭为"木干铁翎"，也谓之"一枪三剑箭"（又称"踏橛箭"）以其射著城上，人可踏而登之（城墙）；其射程约三百步。

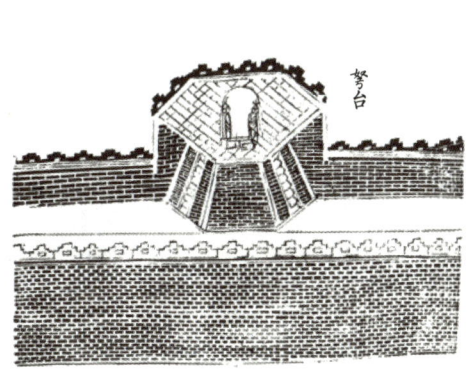

弩台

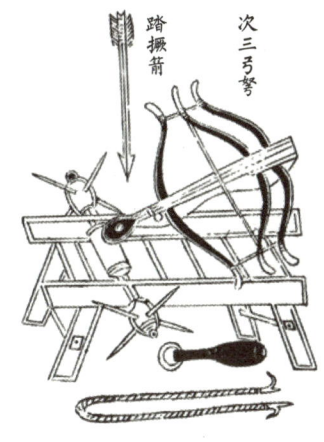

踏橛箭

次三弓弩

抛石机

又叫"砲",是抛掷大石球、大石块的威力很大的远距离打击兵器。正因为是抛掷石球、石块,所以当时的"砲"为"石"字旁;直到火药应用以后,才逐步变成了有"火"字旁的"炮"。抛石机是由原始投石器发展而来的。相传,春秋《范蠡兵法》中已有"飞石重十二斤,为机发,行三百步"的内容。抛石机由抛杆、抛架和机索三部分构成。抛杆,也叫"梢",是用来抛掷石球、石块的重要部件。它由一根优质圆木做成,称"单梢";有的也用两根以上的长木料结合而成,称"双梢""三梢"等。抛杆中部以下的地方装有一个横轴,放置在抛架上可使抛杆两端自由上下移动。抛杆轴以上较长的那一部分的顶端,连有副皮兜绳,用来扣放石球、石块。皮兜又叫"窠",比较大,可放置一个或数个石球、石块。皮兜的一端连有一根或两根绳索,专用以扣搭抛杆。抛杆轴以下较短的那一部分的顶端,则连有许多机索。机索是传递动力的部件,由数十根甚至上百根绳索组成,每根绳索需要1至2人拉拽。使用时,先在皮兜里放上石球、石块,把皮兜上的绳索打成环并扣压在抛杆顶端,再通过人力拉机索将石球、石块略微提起,最后发出统一号令,众人猛拉机索,抛杆翻起就能将石球抛向远方。

单梢炮

车梢炮

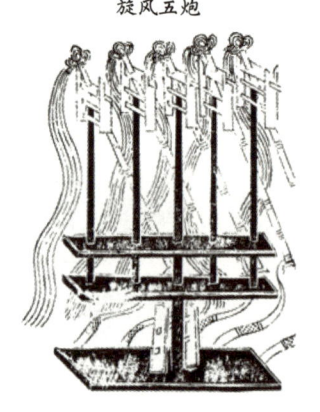

旋风五炮

水袋、水囊

水袋使用整张的牛、马等牲畜皮制成的革囊,内装满水,并用空心竹竿一节缚于袋口。若遇火焚城楼、城门等情况,则可用于灭火。水囊则是用猪或牛的膀胱装水。如果敌军在城下放火,则将水囊投掷于火中。

火铳

火铳是元明时期对金属管形射击火器的通称,又称"火筒"。火铳一般由前膛、药室和尾銎构成,前膛为放置弹丸处,药室装火药尾銎安柄,用以操持,发射火铳时,先从火孔装入引线,从铳口装入火药和弹丸,用火点燃引线,引着火药,把弹丸射出,火铳一般为铜质,也有铁质,弹丸有石弹、铅弹及铁弹,火铳通常分为手铳、碗口铳和多管铳三种。

古代火炮

火炮是一种口径和重量都较大的金属管形射击火器,它由身管、药室、炮尾等部分构成,从炮口装弹、装药,可发射石弹、铅弹、铁弹及爆炸铁弹,大多配有专用炮架或炮车,多用于攻守城塞,也用于野战和水战,明清的火炮主要有早期普通火炮、佛朗机炮、红夷炮、大口径短管炮等。

扬尘车

在四轮车上安双柱，柱间安绞轴和活动槽斗，斗内装石灰和毒烟药料，使用时车推至城下，用绞绳绞动使槽斗对准守城人，烟尘四散，守城人必躲避，攻城者乘机攀城。

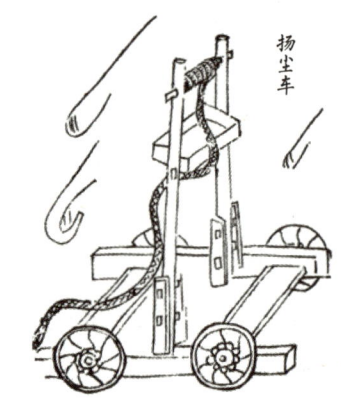
扬尘车

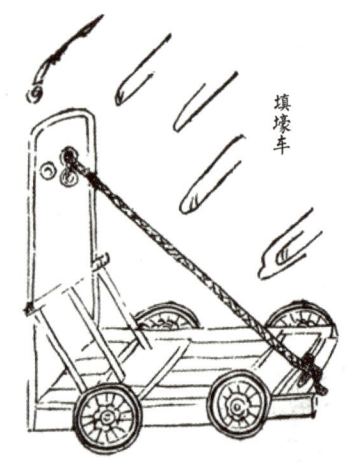
填壕车

填壕车

在四轮平板车前面，竖立长木板一块，用绳索支架撑起，推至壕沟边，放下长板即可通行，还有一种填壕皮车，是在车上架双层活动皮屋，将车推至壕边，既可以填壕，又可以使皮屋内的士卒隐蔽接敌，便于突击。

壕桥和折叠桥

这两种是通过护城河或壕沟的器具。壕桥长以壕宽为准，下安双轮，首贯两小轮，推桥入壕，则桥平即可过河，若壕宽，则用折叠壕桥，其制与壕桥相接，中施转轴，推至壕边放下，即可过河。

壕桥

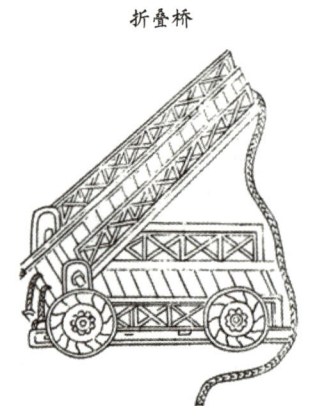
折叠桥

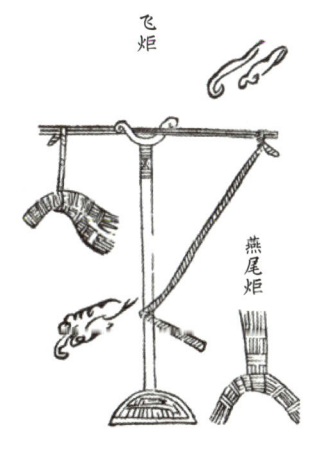

燕尾炬，铁火床

这几种均为焚烧战具。燕尾炬以束草为炬，下分两歧如燕尾，灌以油脂，敌攻城时点燃后掷下烧之。铁火床用熟铁制作，长五六尺，宽四尺，下施四轮，裹以铁叶，首安双铁环。使用时，床上放柴草，点燃后推下烧灼敌人。

拒马枪

拒马枪是古代用来布阵立营，拒险塞要，阻滞敌军马队进攻的战具。唐代的拒马枪则是以直径二尺的圆木制成，长短随事，十字凿孔，纵横安放长一丈木枪数根，布设于城门、要路、立营等处。宋代有两种：一种是用长圆木一根，安数十根铁刃长枪；另一种是以木或竹三根，首安利刃，交错安放呈六尖状，中间连以铁环，立于地面上。

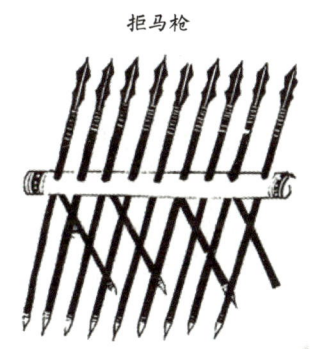

瓮听

瓮听堪称古代的窃听器。它的具体使用方法，就是在城内或者营寨挖几处深井，把这种用于听音的瓮或罐子放下去，运用共鸣原理，派听力特别好的人下去听动静，以防敌人偷挖地道。

礼制下的西安城墙

天下第一藩之府城

西安城就处于第二等的府城之列,但是西安城市规模宏大,城墙周回约十四千米,规模远超普通府城,是地方城市之最。

我们常说中国是"衣冠上国,礼仪之邦","礼"是古代帝王治理国家的重要手段。相传西周初期,周公旦制礼作乐以治天下,教人知尊卑、辨贵贱、别亲疏、明是非;孔子爱仁,曰"克己复礼为仁",又言"君君臣臣父父子子"以治天下,这充分说明了"礼"的重要性。自汉以降,汉武帝"废黜百家,独尊儒术",礼制成为帝王统治国家的重要工具,正如明太祖所说"古者帝王之治天下,必定礼制,以辨贵贱,明等威"。

明代是礼制重建的时期,草莽出身的朱元璋,一心想要恢复西汉时期的儒家礼制,甫一定国便制定了一系列的等级制度,这些制度囊括国家礼制规范、行政区域划定、城市规划与建设标准、建筑等级制度等诸多方面,

20世纪初瑞典学者喜仁龙拍摄的老北京的西直门

这些都为其后的数百年中国历史起到了一个开创性的作用。纵观整个明代历史,除弘治时期重新制定礼制制度,对其有所增损外,历朝所用礼制制度,多是延续洪武年间所定。诚如朱元璋在皇明祖训序里所言"朕观自古国家,建立法治,皆在始受命之君"。从建筑等级制度来看,明代是中国建筑典章制度文献编撰走向成熟的时期,对于建筑等级制度和礼制建筑相

20世纪初德国建筑学家恩斯特·柏石曼拍摄的西安城墙与城楼远景

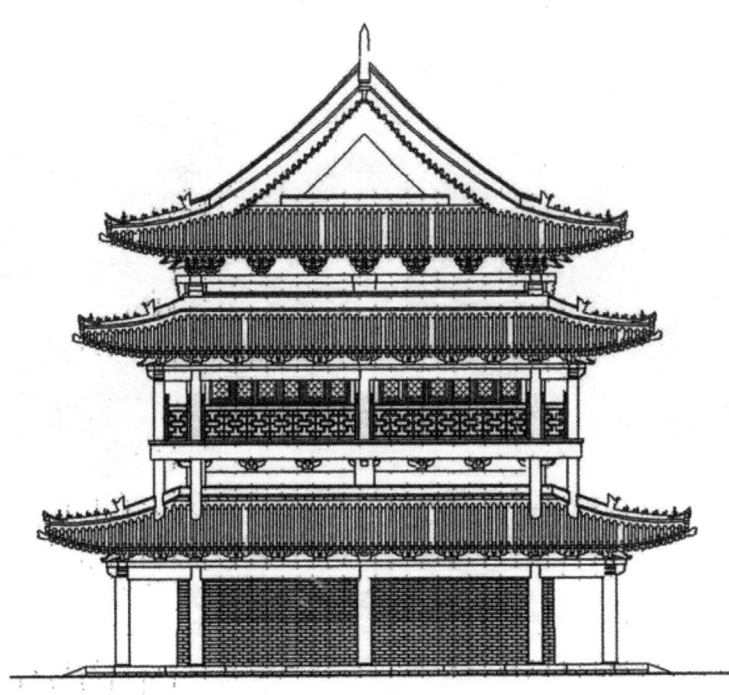

关制度的建设颇有建树。如同其他建筑一样，西安城墙亦是在此种礼制规定下兴建的。

明代城池可以分为五等，其中南京、北京及明初的中都凤阳为第一等，之后，府城，直隶州城，府辖之州城，普通县城依次而列。西安城就处于第二等的府城之列，但是西安城市规模宏大，城墙周回约十四千米，规模远超普通府城，是地方城市之最。这主要有三方面的原因，一是"按明制，皇子封亲王，冕服车旗邸第，下天子一等"，西安府是秦王朱樉的封地，属皇子封亲王，因而，城池的建筑等级仅次于都城；二是西安是在奉元城

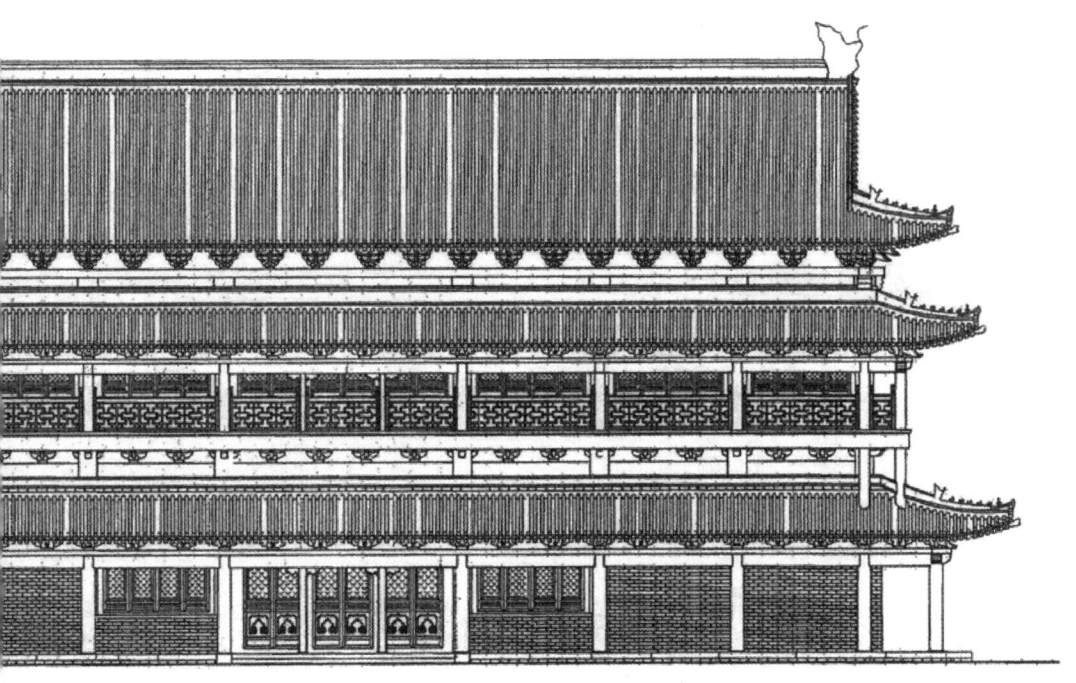

西安城墙城楼结构图

基础上修建而成，延续了之前的规模并有所增益；三是西安地处西北，肩负着拱卫西北边疆的重任，因而城池修得高大宏伟。

说起秦王朱樉，也是赫赫有名，他是朱元璋次子，与太子朱标、燕王朱棣均为高皇后所生，洪武三年（1370）封王，洪武十一年（1378）就藩西安，在诸位藩王之中不仅年龄最长，而且兵权最重，因而西安所在的秦藩国又被称为"天下第一藩"。朱樉死后，朱元璋赐谥册曰"朕封建诸子，以尔年长，首封于秦，期永绥禄位，以藩屏帝室……谥曰愍"，足见朱元璋对其重视程度，而将其封于西安侧面来说也反映了朱元璋对西安的重视。

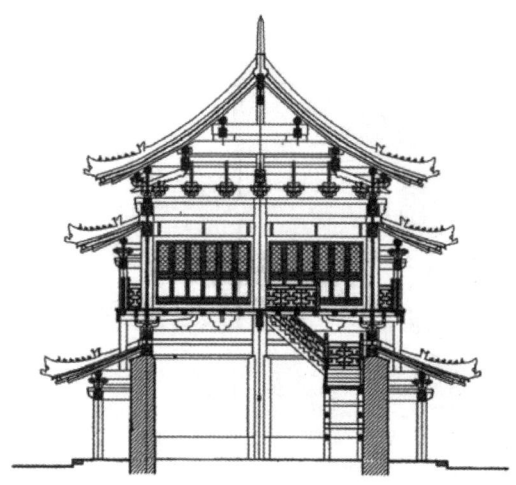 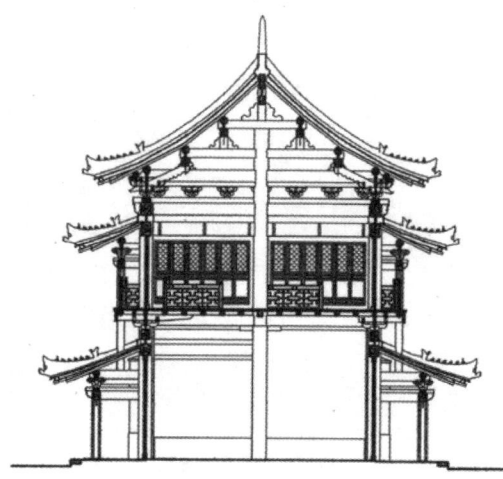

西安城墙的等级之高不仅体现在其规模上，更体现在城上古建筑的建制上。按照旧制，屋顶为建筑之冠，形同人的冠冕，是区分等级的重要形式。一般来说，庑殿式屋顶为最高等级，不论单、重檐一律只能用于皇宫和庙宇的建筑上，不得违制，歇山式屋顶次之，却也非寻常人等可用，明初更是严格规定"官员营造房屋不许歇山转角"。而西安城墙上的城楼、箭楼，其屋顶均为歇山式，足以见其等级之高。

区分建筑等级的另外一种重要形式是建筑开间数量，对此历朝历代均有明文规定，不可僭越。城楼、箭楼是一类特殊性建筑，主要起到军事防御作用，在设置时首要考虑的是防御功能，虽然并没有明确规定其等级制度，但也应当同其他建筑一样，均受到礼制的约束。

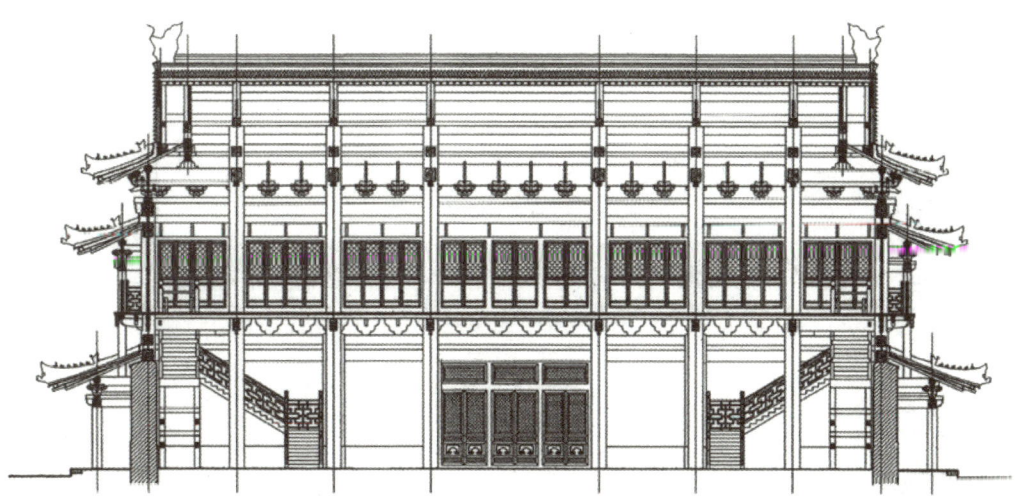

西安城墙城楼透视图

据《明史·舆服志》记载"洪武四年（1371）定，城高二丈九尺，正殿基高六尺九寸，正门、前后殿、四门城楼饰以青绿点金，廊房饰以青黛……十二年，诸王府告成。其制，中曰承运殿，十一间，后为圜殿，次曰存心殿，各九间"。可以看出当时规定的亲王府规格极高，允许其筑城墙，各殿面阔达到九间甚至十一间。西安箭楼面阔十一间，其等级达到亲王建筑的极致，与皇宫宫殿几无差异，是我国现存箭楼规模最大的，当时同为亲王府（燕王府）的北京城，其城墙上的箭楼仅七开间。西安城楼面阔七间，虽等级也很高，但与箭楼相比却有所差距。即使如此，西安仍不愧为天下第一藩之府城。

西安城墙明清建筑构件
西安城建的一抹鲜活

人们惊叹于城墙的宏伟、防御机关的巧妙，却常常忽略恢宏威仪之中还有一番关于美学的用意。西安城墙上灵动的神兽和彩绘，让我们看到先民对于浪漫的追求从不吝啬。

　　踏步海墁，绕行西安城墙，站在薄暮中银灰色的城墙上，通过观望城楼给自己定位最为便利，但当我们纵览城墙美景时，是否想过，这些以防御功能为首的各色城楼，在营建之初，除必须确保工造扎实稳固之外，还投入了大量人文智慧和精神力量进行加持。

脊饰神明

　　屋顶是中国传统建筑造型艺术中非常重要的构成因素，它像盖子一样覆盖建筑的其他所有部分，是决定建筑整体形象的关键。科隆博物馆创建人阿道夫·费舍尔教授曾指出，"屋顶对于整个建筑的庇护功能，在任何

中国古建筑构件示意图

龙纹瓦当 明代 陶质

板瓦 明代 陶质

凤形滴水瓦头 明代 陶质

（西安唐皇城墙含光门遗址博物馆藏）

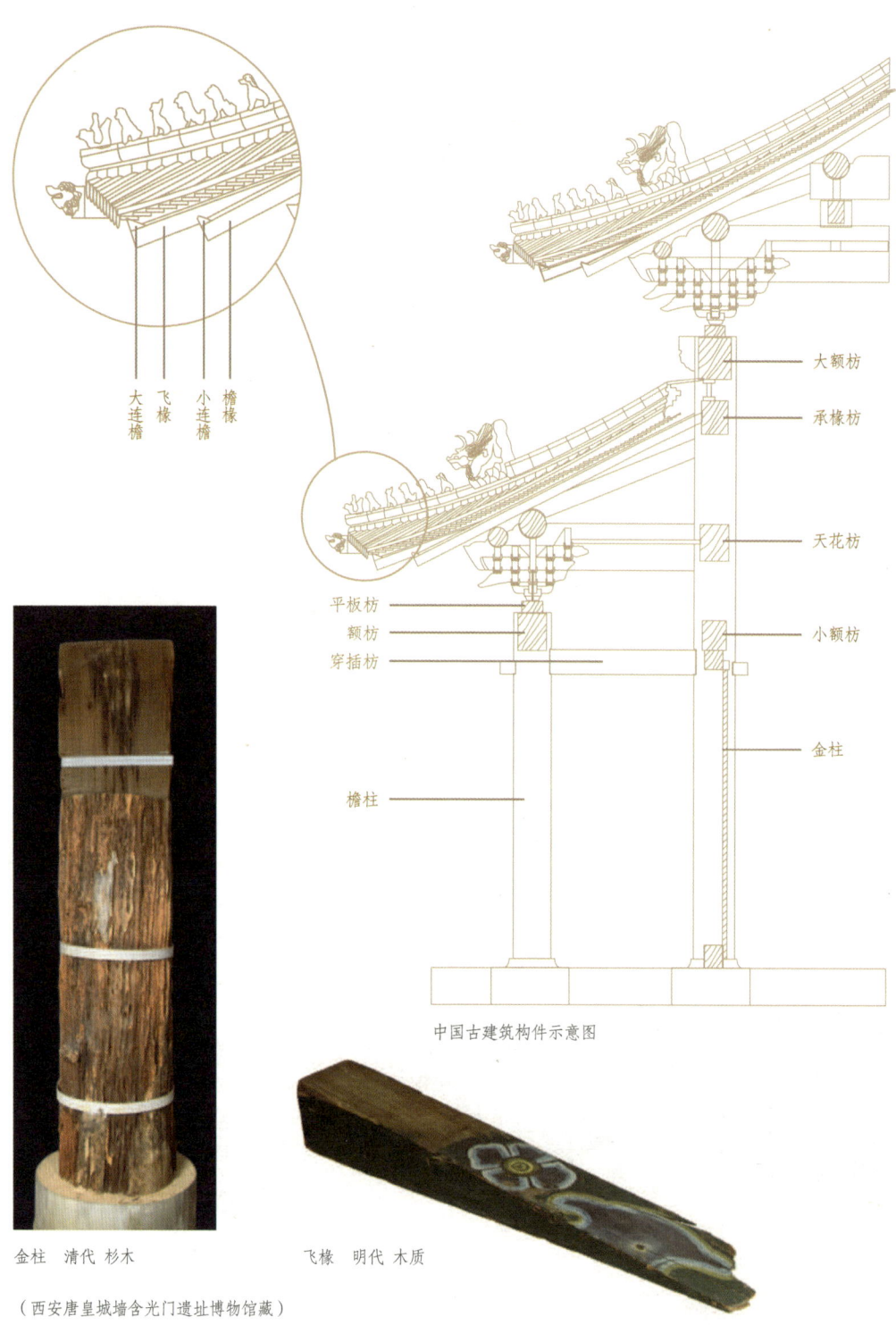

中国古建筑构件示意图

金柱 清代 杉木
（西安唐皇城墙含光门遗址博物馆藏）

飞椽 明代 木质

斗口　清代　木质

斗拱槽升子　明代　木质

拱垫板　明代　木质

"西安前卫"铭文砖　明代　陶质

门轴　明代　铁质

（西安唐皇城墙含光门遗址博物馆藏）

西安城墙安定门城楼脊兽

蓝釉套兽 明代 陶质
（西安唐皇城墙含光门遗址博物馆藏）

一个地区都没有像在东南亚地区那样，呈现得如此鲜明。"因此，以防御功能为主的城墙建筑，可以通过营建技术实现屋顶结构的长期稳固，但城墙自身的安危，就必须借助脊饰，以神祇之力承载人们对安全的向往。

明清时期，官式建筑使用脊饰的种类有了更加明确的区分和规则，位于正脊两端的神兽被称为"正吻"；戗脊的神兽是"戗吻"，其中列队成排的部分又被称为"走兽"；"套兽"则安装在翼角，常为龙、狮造型，是古建筑防、排水构件。表面上，这些神兽被赋予各类神话职能，永恒分布在城楼屋顶的重要拐点和端点，现实中，它们傲然的身姿不仅内含铁钉用以固定瓦垄，还为屋顶庞大的榫卯体系施加配重，保证了主体建筑结构平衡。

明清官式建筑中，通过"走兽"区分建制等级最为便利，它们位于垂脊或戗脊且列队成行，以"阳数"一、三、五、七、九和整数十制定级别，全部十兽为最高级，按由外向内的顺序依次为：四海之王龙、四方禽王凤、百兽之王狮子、分水兽海马、巡空兽天马、日行千里传信的狻猊、明辨是非的獬豸、海中调度押鱼、统土拦水的斗牛、行雷布雨面若雷公的行什，需要特别注意的是最外侧"骑凤仙人"不在"走兽"之列。明洪武十一年（1378），明太祖朱元璋次子朱樉就藩西安，故西安府城官式建筑配享"王城"建制。时代变迁，历经多次修复与改造，至今西安城墙安定门城楼上的"走兽"仍保留原有规格，为七只一组，它们昼夜不分地端望于城墙各处，也洞察着这座古城的世事变迁。

2004年，西安城墙管委会对城楼进行逐一修复时，一尊蓝釉琉璃套兽因过于珍贵，被收藏于含光门博物馆内。这尊在今天看来"萌"态可掬的琉璃套兽目光灵动、长吻前伸，一双龙角呈流线别于耳后，更显其专注乖觉的神态。它长65厘米、高28厘米、厚21厘米，是自明代就服役于西安城墙安定门城楼的神兽之一，被安装在城楼屋顶戗脊下仔角梁末端，通体夺目的蓝釉虽再也无法还原，却让这尊套兽相较于其他瓦制构件更为坚固，良好的防水功能也有效保证了它所包裹的角梁免遭雨水侵蚀。

位于正脊两端的正吻，也叫鸱吻，其建筑功能可以溯源到汉代，而"鸱吻"造型则出现在晋，原指猛禽"鸱"，彼时筑顶造型只用"鸱"的卷尾；至唐代鸱吻有了吞脊的兽首；自宋鸱吻开始"龙化"，并最终引为龙子，又称"螭吻"，被赋予"镇火吞水"的友好神力。古代建制中，身处建筑

灰陶套兽 清代 陶质
（西安唐皇城墙含光门遗址博物馆藏）

鸱吻 清代 陶质
（西安唐皇城墙含光门遗址博物馆藏）

最顶端的鸱吻卷尾高悬,在雷电天气里可以率先接触电流,如遭遇极端情况,甚至可以通过引雷自爆等方式中和电流,避免电荷骤然积聚引发建筑主体爆燃。

这尊鸱吻是西安城墙安定门城楼正脊北侧的一件,高76厘米、宽70厘米、厚12厘米,因肩负镇守城防之责,它目光炯炯,鬃髯飘摇,打起十二分的精神凝望着天空,是最早的"天眼"。

千年的城建智慧化身造型靓丽灵动的脊兽,满载人间对安泰的期盼,确切地起到了防水、加固、避雷等作用,为西安城防稳定、西安城建无虞,树立起鲜活的威望。

华彩雕梁

中国古代建筑从原始社会起一脉相承,以木料为主材,以木构架为主要结构,形成了一体多用的风格。经年的城防建筑,主要用于屯兵驻防,规模更大,所用木料也更为宽阔、丰富,无形中为古建的保护增加了难度。如需集防潮、标识、审美功能于一体,彩绘工艺都是覆于城建雕梁的首选。

对于古建筑上的彩绘,林徽因在《中国建筑彩画图集》的序言中说道:最初是为了实用、为了适应木结构上防腐防蠹的实际需要,普遍地用矿物原料的丹或朱,以及黑漆桐油等涂料敷饰在木结构上,后来逐渐和美术上的要求统一起来,变得复杂丰富,成为中国建筑艺术特有的一种方法。

从类别上看,以金、朱、黄构成的和玺彩绘最为尊贵,青、绿的旋子

城楼苏式包袱彩绘"二龙戏珠"（复原）
（由著名彩绘工匠张西振绘制，原彩绘位于城墙东门箭楼明间正脊中央，用以表明方位）

城楼斗拱板彩绘"火烧宝石"(复原)
(由著名彩绘工匠张西振绘制)

西安城墙城楼建筑彩绘

城楼画枋旋子彩绘"一统天下"（复原）

城楼雀替彩绘（复原）

彩绘次之，苏式彩绘居末位。其中旋子彩绘又称学子、蜈蚣圈，广泛见于宫廷、公卿府邸。

旋子彩绘因藻头绘有旋花图案而得名，西安城墙建筑彩绘多数为雅五墨旋子，雅五墨是旋子彩绘中最为常见的一种色彩搭配方式，不点金，只用青、绿、丹、黑、白五色，线条轮廓都以墨线勾勒。绘制在梁枋上的彩绘画面通常分为三段，中间是枋心、两边是藻头和箍头。因中国古建筑主要为土木构件，再加上建筑彩绘多是雕梁画栋，除了石窟、墓室的彩绘，现已很难再看到如此精美的古建筑彩绘。

大连檐是古建筑屋顶上连接飞椽椽头上皮的联络材料。这方大连檐长

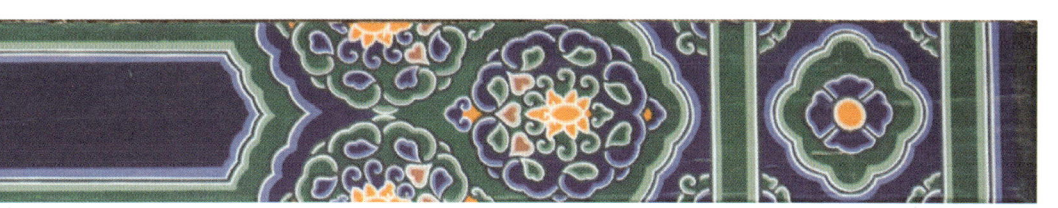

大连檐 明代 木质
（西安唐皇城墙含光门遗址博物馆藏）

85厘米、宽15厘米、高14厘米，按照宋代建筑学者著作《营造法式》的规定，用整根木头断刻而成，较为罕见，虽檐内保留木色，但外侧被施以朱漆，属实内承梁重，外妆内室。这尊大连檐的保留，也得益于朱漆防护，它的发现为研究古建筑结构提供了非常珍贵的实物资料。

脊饰神明、华彩雕梁，做伴防御性古建筑往往默默。人们惊叹于城墙的宏伟、防御机关的巧妙，却常常忽略恢宏威仪之中还存有一番关于美学的用意。西安城墙上灵动的神兽和彩绘，让我们看到先民对于浪漫的追求从不吝啬，这些集建制、功能、美学、神话于一体的亮色，为城墙凝聚起更为永恒的力量，也为来到这里的人们诉说着更多鲜活的城墙故事。

城墙与学府文化

『为天地立心 为生民立命』

> 城墙上的魁星楼与城墙下的奎星阁、关中书院、碑林等建筑交相辉映，产生了一个神奇的空间，隔绝城墙外高楼大厦、霓虹闪烁，只悠悠然行走于这片古建筑群中，仿佛置身唐之国子监，宋之关学讲堂，明清之关中书院。

如今，沿着西安城墙东段行走，穿过书院门古旧肃穆的牌楼，一面灰砖整齐砌着"孔庙"二字，绕过这面墙，西安碑林博物馆便映现眼前。三学街如今已成为碑林区的一片历史文化景观街区，复古的街道两边有百姓生计，也有古董字画、文人情怀。这里也曾有过儒生学者长袍纶巾，持一册经书，三两成群，论天下大道。城墙上的魁星楼与城墙下的奎星阁、关中书院、碑林等建筑交相辉映，产生了一个神奇的空间，隔绝城墙外高楼大厦、霓虹闪烁，只悠悠然行走于这片古建筑群中，仿佛置身唐之国子监，宋之关学讲堂，明清之关中书院。

昔日西安古城，关学之盛，吸引各地儒生。关学是儒学的一个重要分

孔庙里的碑石

孔庙影壁

支学派,自北宋张载正式创立,因张载为关中人,故名"关学"。自张载创立关学之后,关中学子积极追随,特别是在蓝田吕氏兄弟——吕大忠、吕大钧、吕大临的弘扬下,关学一度与二程"洛学"、王安石"新学"形成三足鼎立之势。此后,关学虽逐渐没落,但在"杨家三代"——杨恭懿、杨天德、杨寅等人的努力下,"关学"思想得以继承,并在明代迎来复兴。明代关中大儒冯从吾创办关中书院,广播关学思想,延绵几百年,人才辈出,大师云集。

唐朝为传播儒学思想,简拔儒生人才,于文昌门外西侧,建有文庙和唐务本坊的西半部,设唐朝中央主管教育的机关国子监,及为其所领的中央最高学府国子学、太学、四门学、广文馆及高等专科学校律学、书学、算学等七学的所在地。国子监置长官祭酒一人,副官司业二人,领国子学、太学、四门学、广文馆及律学、书学、算学,主要招收官僚子弟入学。每年生徒中毕业者,经祭酒、司业考试合格,推荐给尚书省参加科举考试。

国子学为唐代最高学府，主要招收三品收上及国公子孙，从二品以上曾孙三百人入学。学生按《周易》《尚书》《毛诗》《左氏春秋》《礼记》五经分业，各六十人。暇则习隶书、《国语》《说文》《字林》《三仓》《尔雅》。每年生徒中有学通两经、请求做官者，经国子监考试合格后送尚书省，再经吏部（后改礼部）考试任官。

太学主要招收五品以上官员子弟，学习亦如国子学，以五经分业，每经百人，共五百人。唐代外国留学生，多在太学中学习深造。《唐语林》："太学诸生三千员，新罗、日本诸国，皆遣子入朝就业。"

四门馆主要招收七品以上子弟及有才能的平民子弟入学，传授儒家经典，教法如太学，有学生五百人。

广文馆专门培养国子学中攻进士科者，有学生六十人。当时曾以郑虔为广文馆博士，故人呼郑虔为郑广文。

律学是培养司法人才的学校，以律令为专业，兼习格式法例，有学生二十人；书学是培养书法人才的学校，主修《石经》《说文》《字林》；算学是培养天文学和数学人才的学校，以《九章》《海岛》《孙子》《五曹》《周髀》《五经算》《缀术》等分专业。

唐玄宗开元二十七年（739）封孔子为文宣王，西安城墙三学街段建有文庙，其为祭祀孔子的祠庙。因称孔庙为文宣王庙。明以后称文庙，相对武庙（关羽庙）而言。西安文庙位于府城南门内之东，建于宋，元至元中廉希宪重修。明正统（1436—1449）年间西安知府孔仁益增拓之。文庙坐北向南，大门为棂星门，门前为泮池，跨以石桥。入内有正殿七间，两庑各十七间。庙址在今三学街东段路北，西安碑林博物馆左前侧。

唐以后西安虽不再作为都城，但是自宋以来陕西文化仍是十分昌盛。宋代是理学兴盛的时期，而长安人张载所创立的"关学"是理学开创阶段的重要学派之一。"关学"主张经世致用，以实用为贵，关学是儒学史上承前启后的一个重要学派。

> 张载（1020—1077），字子厚，祖籍大梁（今河南开封），后徙家凤翔郿县（今宝鸡市眉县）横渠镇，世称"横渠先生"。是创立理学的"二程"（程颢、程颐）的表叔，与周敦颐、邵雍、程颐、程颢合称"北宋五子"。他是北宋时期著名的思想家、哲学家，是关学的创始人，理学的奠基者，其学术思想影响深远，在我国思想文化发展史上占有重要的地位。张载著有《崇文集》十卷（已佚），《正蒙》《横渠易说》《经学理窟》《张子语录》等。

张载创立关学之初，关中学子特别是蓝田吕氏兄弟对关学最为追随。张载开始在关中讲学时，首和者就是吕大钧，接着，其兄吕大忠、其弟吕大临都相继拜张载为师。蓝田吕氏兄弟五人登科及第，为关学发展奠定了政治和经济基础，使关学与二程"洛学"、王安石"新学"形成鼎立之势。可惜的是，张载病逝后，三吕却投奔二程的门下，靠近"洛学"，致使关学一时冷落下来。

关中书院

直到明朝，朱元璋以理学为国家统治思想根基，儒家书籍遍及天下，为关学振兴开辟了一条坦途。关中人冯从吾，因不满东林党诸举，愤而辞官，回到家乡，创办关中书院，招收儒生，讲学论道，传播关学思想。一时名声大噪。

> 冯从吾（1556—1627），字仲好，号少墟，长安（今陕西西安）人。明代著名思想家、教育家，以耿直著称。为官铁骨铮铮，敢于直言进谏，与魏忠贤党羽抗争不断，从不妥协，因而仕途始终不如人意。明万历三十七年（1609），他主持创办了关中书院，在书院中讲学，教书育人，试图通过讲学"发蓓击蒙，移风易俗"。此后，天启五年（1625）八月，魏忠贤的在陕党羽为迎合魏忠贤禁灭东林书院的旨意，派人捣毁关中书院，并将中天阁内供奉的先圣塑像拖出"掷之城隅"。冯从吾见自己呕心沥血经营多年的书院毁于一旦，悲愤成疾，郁郁而终，终年72岁。冯从吾著有《冯少墟集》二十二卷，又有《元儒考略》《冯子节要》及《古文辑选》等著作，均收于《四库全书》中流传于世。

关学在明代的西安城得到了广泛而深远的传播，也因此，推动了诸多与关学思想密切相关的建筑落成。陕西关中地区先后出现了许多全国著名的书院，如关中书院、正学书院、少墟书院、鲁斋书院、养正书院等等。位于城墙根的关中书院是其中的重要代表，位列陕甘书院之首。

关中书院，位于南城门内东侧的书院门街。明万历三十七年（1609）

因陕西著名学者冯从吾讲学的宝庆寺难以容纳，故将其东"小悉园"改建为"关中书院"，成为当时陕西的最高学府。书院坐北面南，院内有大门、二门、允执堂（讲堂）、左右寮房和东西号房等建筑。关中书院是当时东林学子与阉党斗争的重要场所，常有评论国是、反对魏忠贤之流的讲坛和学术活动在此举行。这对陕西地区的思想、政治影响极大，据《陕西通志·艺文志》记载"天下皆建生祠（魏忠贤），惟陕西独无"，由此可见冯从吾与关中书院的影响力。万历三十九年（1611）在院内西北部建"斯道中天阁"（1965年因漏损拆毁）以祀孔子。可惜，后来关中书院还是被在陕魏党捣毁，明天启六年（1626）陕西巡抚乔应甲毁书院。明末崇祯元年（1628）书院复建，而后直到清康熙、乾隆时重修，建"精一堂"等，康熙年间学者李颙的讲学使得关中书院再度复兴，至光绪初年，书院初具规模。清末，西学东进，传统的书院讲学逐渐退出历史舞台，光绪三十二年（1906）改为"陕西第一师范学堂"。

1988年西安师范在院中轴线以东建四座二层硬山式教学楼。现书院尚存两道门厅、允执堂、精一堂及东、西廊庑等古建筑，成前、后四间院落。头、二道门厅均为带前廊的五间硬山式建筑。允执堂面阔五间，正立面明间部位向南外凸，后次间部位向北凸出，平面呈"亞"字形，南北长27米、东西宽22米，建筑面积487.5平方米。屋顶由两座硬山和一座歇山顶建筑勾连搭建而成，后檐加歇山抱厦，两侧山墙墀头部位外撇，山墙上各辟一券门，内设讲坛。精一堂面阔五间，明间内收，平面呈"凹"字

书院门

形,南北长12米、东西宽18米,建筑面积226平方米,屋面形式同允执堂。两堂均为抬梁式建筑,柱端及额枋上均不施斗拱。此外,书院南面有牌坊一座,额题"关中书院"。精一堂左、右有胁堂、两庑各五间及东、西列号房各五十间。这些建筑近年多有改建。

关中书院1983年由西安市人民政府公布为市级文物保护单位,1992年由陕西省人民政府公布为第三批省级文物保护单位。

从关中书院走出来,有一条不到600米的步行街道,因关中书院在此街上,得名"书院门"。沿此街向东南,转过一个街角,便可行至三学街。三学街是明清西安城街名。位于府城南门内东侧。在原唐长安城中宗庙处,唐末韩建以唐皇城改筑为新城后,渐为居民坊巷。东西巷南品,南靠府城南城墙。因此街北临府学巷、咸宁学巷与长安学巷,三学并依,三学南边的街道,即汇聚了"府学巷""咸宁学巷"和"长安学巷"的街道,也因此命名为"三学街"。今仍沿称。

儒学与科考密切相关,莘莘学子,寒窗苦读数十载,无人不以进士及第,"以天下为己任"为目标。由此便逐渐衍生出了一种文人信仰——供奉魁星。

三学街上的咸宁学巷内,隐藏在居民楼群中,有一座古塔——奎星阁(塔)。塔建于明代,为方形单层亭阁式塔,称奎星阁。塔(阁)为砖石结构,颜色呈土黄色。塔的顶部已经长满了荒草。古塔的四周被一排排居民楼紧紧包围,只露出了它的"上半身"。

隐藏在居民区中的奎星阁

古塔的来历有一个故事，当初这里是科举考试考取状元的地方，附近的咸宁学、府学及长安学都是考生居住的地方。在一次科举考试当中，有一名贫困学子本被金榜题名，但后来竟被人冒名顶替。气愤之下，就在所住的咸宁学内上吊自杀。最后那名冒名顶替者被官员发现，为了纪念这位愤而自杀的学子，就在这里修建了"奎星阁"。奎星阁于2016年6月8日被西安市人民政府公布为第四批市级文物保护单位。

奎星阁与其正南约五十米处城墙上的魁星楼相对而望。魁星楼是西安城墙上一道独特的风景，也是城墙上唯一一座与军事防御无关的建筑。魁星，与文昌帝君相似，同被尊为主宰文章、文运之神，是科举制度下，衍生的一种文人信仰，对魁星的崇拜充分体现了文人"学而优则仕"的处学态度。

魁星神像头部像鬼，一脚向后翘起，如"魁"字中的大弯钩；一手捧斗，如"魁"字中间的"斗"字；一手执笔，意谓用笔点定中试人的姓名。因此，从宋代以来学府中皆置魁星楼，如明西安府学仪门内、长安县学之西均建有魁星楼，以祈魁星庇佑，文运大兴，学子科举中试。

《史记》曰："魁，斗第一星也"。魁也为第一的意思，"魁星点斗，独占鳌头"是旧时对高中科举状元的美称。魁星作为赐科试第一的神灵，被人们尊称为文运之神，"魁星点斗""魁星踢斗"由此应运而生。魁星，原为古代天文记载的二十八星宿中的西方白虎宫七宿之首的奎星俗称。从二十八星宿学中定性，白虎宫奎星，是主宰天下文运的大吉星，因其形貌黑脸红发以鬼面出现，右手执朱批笔、左手托金印，左脚后翘踢斗而得名为魁星。而大受中国民间奉祀的主宰天下文运的北斗星官也称文曲星，其形貌也是黑脸红发以鬼面出现，右手执朱批笔、左手托金印，左脚后翘踢斗而称魁，且文曲星又在斗魁星宫，因此，中国民间修建的魁星楼，供奉的星君尊神，就是西宿魁星与北斗文曲星的二合一科甲踢斗文化系列，倍受天下考生敬仰和供奉。

二十八星宿与北斗七星宿，是两套学问内容。二十八星宿学带有天文学术性天象内容，而北斗星宿则在中国民间的节气历法与文运中影响深远。二十八星宿学在东西方众多国家中，都有共性，只是名字不同，特性小有区别。西方人还以二十七星宿特性来演算命理，很有成就。总的来说，奎（魁）星是奎星，文曲星是文曲星，不是一个星，是两套星相学问的两个星名，但因为两星特性一样、作用一样、形貌一样，导致常常让人混为一谈，人们拜谒的魁星应是二十八星宿西宿奎星。

西安魁星楼始建于明万历四十七年（1619），后遭战火所毁，清代乾隆四十六年（1781）陕西巡抚毕沅在修城时，曾予以恢复，后又被毁坏。现在城墙上所见到的魁星楼是1986年在原址上恢复重建的，其形制为重檐四坡攒尖顶式楼阁建筑，通高14.6米。它是根据1921年魁星楼的老照片进行修复的。而1921年所拍南门向东方位照片中，也清晰地显示出了魁星楼的模样，其形制与现在的魁星楼并无二致，这也侧面证明了1921年的这张老照片确实是西安城墙上的魁星楼无疑。

从1900年的老照片来看，其形制应为三层六角攒尖顶式楼阁建筑。这说明在1900年至1921年期间，曾经重修过魁星楼，那么究竟是何时重修的呢？在光绪二十九年（1903），陕西巡抚升允疏通治理了通济渠及府城内外的渠道，但却未见任何关于魁星楼的记载，且当时已是清末晚期，社会动荡不安，整个清廷面临着风雨飘摇的艰难处境，在此种情况下，并没有余力，也不可能去建造魁星楼。直到1912年辛亥革命成功推翻了清王朝的统治，建立了中华民国，虽然在民国的档案中也并未发现与重建魁星楼相关的资料；但此时的社会已经有了一种新的面貌，而且也有了一段相对安稳的时期，因而重建魁星楼是很有可能的。据此推测的话，魁星楼很可能在清末的战乱，特别是响应辛亥革命发起的战争中被毁坏，随后在民国重建，重建的时间在1912～1921年。

据传为1900年拍摄的西安魁星楼

瑞典学者喜仁龙拍摄的魁星楼（20世纪20年代）

南门旧影，远处城墙上的二层建筑即为魁星楼
（20世纪20年代）

　　关于魁星楼的由来，有这样一则有趣的传说：明朝万历戊午年，一年一度的乡试结束，当时咸宁县竟没有一个人上榜，这使得咸宁县的官员和百姓都大失颜面。于是，时任左布政使的高公（高第），依据风水之学，组织人员勘测周围地形环境，寻找钟灵毓秀，适合缔结文脉的地方，最终发现城墙东南角气脉直通华山、终南山，带川浐灞泾渭，恰是风水宝地，于是决定在此修建魁星楼以供奉魁星神像，并祈祷文运昌盛。工程动工之前，高公又依风水堪舆之术，认真考制形制、方位等，于万历四十七年（1619）9月建成。建好的魁星楼高耸于城墙之上，其形平底攒尖，重檐回廊，上覆青瓦以为宝顶，抹红漆以为梁，涂白泥以为壁，缀宝璐以为窗棂，悬珠帘以为门帷，雕梁画栋，富丽堂皇。而自魁星楼建成以后，咸宁县果然文运亨通，人才辈出，乡试屡考屡中。

传说十分有趣,更有趣的是西安城墙上的这座魁星楼身上还有很多谜团没有解开。从全国各地城墙上的魁星楼来看,楼体平面多为六角形或八角形,而似西安城墙上的此种四角方形形制并不常见。

与上文的民间传说不同的是,从风水学上来看,西安城墙的魁星楼并不符合风水宝地的建造要求。魁星楼是接引魁星下凡的地方,楼体应当有一面与魁星方向相对,城墙上的魁星楼一般修建在城墙东南角,即风水学上后天八卦中巽位,巽为风,无处不至,是风水学中的文昌位,主文运。而如今的魁星楼恰恰没有如此。西安城墙的魁星楼,虽然也在东南方位,却非东南城角处,其位置在南门城楼以东约600米处的城墙上,此位置距唐长安城皇城东南角仅数米,据此,我们可以大胆地推测,在唐长安城皇城的东南角本就建有魁星楼,而明万历四十七年(1619)很有可能是在原址重建。

魁星楼所在之地是否真是风水宝地无从得知,不过该地区确实是文化昌盛的场所,以魁星楼为基准点来看的话,其正南面原为唐代长安城的国子监所在地;正北则是碑林——原来明清时的孔庙,即文庙,文庙中设奎星阁与城墙上魁星楼遥相呼应;西北面是关中书院;东北面为府学所在地,府学两侧分别为长安、咸宁两县县学。"一庙三学"互相辉映,彰显了其浓郁的文化气息,同时也便于学子的交流。明人周宇在《修城记》中称赞"一庙三学,翼比朋翔,乔木联荫,清泮通流,宏规壮观,盖凡为学宫者,或鲜其俪"。

今天的文昌门与魁星楼

"为天地立心,为生民立命,为往圣继绝学,为万世开太平。"张载的"横渠四句"千古流传,成为一代又一代儒学志士的座右铭。以关中书院、"一庙三学"、奎星阁和魁星楼为载体的关学思想,紧贴着西安城墙,向下扎入历史的根脉,向上蜿蜒盘生在城墙方砖上,开出经久不衰的关中学府文化之花。

城门内外
名独特寓意 存千年遗迹

西安城墙历经隋、唐、五代、宋、金、元、明、清1400多年的历史,渊源博大而丰硕的历史地理,赋予了西安城门内涵极其丰富的历史文化,虽然取名的方式和依据不同,但都寄托了中华民族对知足、乐观、奋进、勤劳等美好品质的向往和追求。

　　城门是一座城市的重要代表,城门的命名往往被赋予了许多特殊的寓意,集中体现了当时的社会政治、思想文化等,是我国古代文化的重要缩影。有学者通过对历代都城城门名称的总结研究,认为中国古代都城的城门命名集中体现以《周易》为代表的中国传统文化思想。实际上,我国凡有城墙的城市,特别是规模稍大的城市,其城门命名也基本如此。

　　第一,城门依据所居方位不同,以相应四灵的名字命名。据《三辅黄图》记载:"苍龙、白虎、朱雀、玄武,天之四灵,以正四方,王者制宫阙殿阁取法焉",苍龙、白虎、朱雀、玄武分别对应东、西、南、北四方。三国时吴国都城建业城的东、西、北三面城门分别为苍龙门、白虎门、玄武门,再如西安唐皇城正南门为朱雀门,宫城北门则名玄武门"。

第二,城门名字与阴阳五行、四季相关。从五行来看,东方属木,代表春天,故东面城门常有"春"之意,如春明门、献春门;南为火,代表夏天,属阳,故有启厦门、广阳门、宣阳门等;西属金,代表秋季,如金明门、金光门、宜秋门等便是此列;北为水,代表冬季,属阴。

第三,部分城门名字取自《易经》,与文王八卦密不可分。如元大都中的城门便是如此:西北门健德门,对应文王八卦中乾卦,名字取自《周易》中"乾者健也,刚阳之德吉";东北门安贞门,位于文王八卦中坎、艮之间,复卦中属讼卦,"乾上坎下,九四不克讼,复命渝,安贞吉",故名;其余各门如丽正门、平则门、顺承门等皆是如此。

第四,某些城门与地支、生肖有关。如春秋吴国的阖闾城大城东南方的城门,因东南在十二生肖中属蛇位,故取名蛇门。又如紫禁城正门,位于正南方向,正当午位,因而取名为午门。

第五,城门因具体事物而命名。如南京城的清凉门便因坐落在清凉山而得名,又如皇宫宫城中的各门,又如隋唐长安城禁苑的北面偏东之门饮马门,也是因此地在汉代有饮马桥而命名。此外如仙鹤门、观音门、麒麟门等也都是直接借用这些物象进行命名的。

第六,还有一些城门的命名,有着许多特殊的寓意。如永安门、长乐门、北安门、西安门、延政门等等都表达了统治者希望国家安定,皇权永固等愿望。又如大明宫的银汉门、凌霄门等则蕴含了一种高高在上、直入

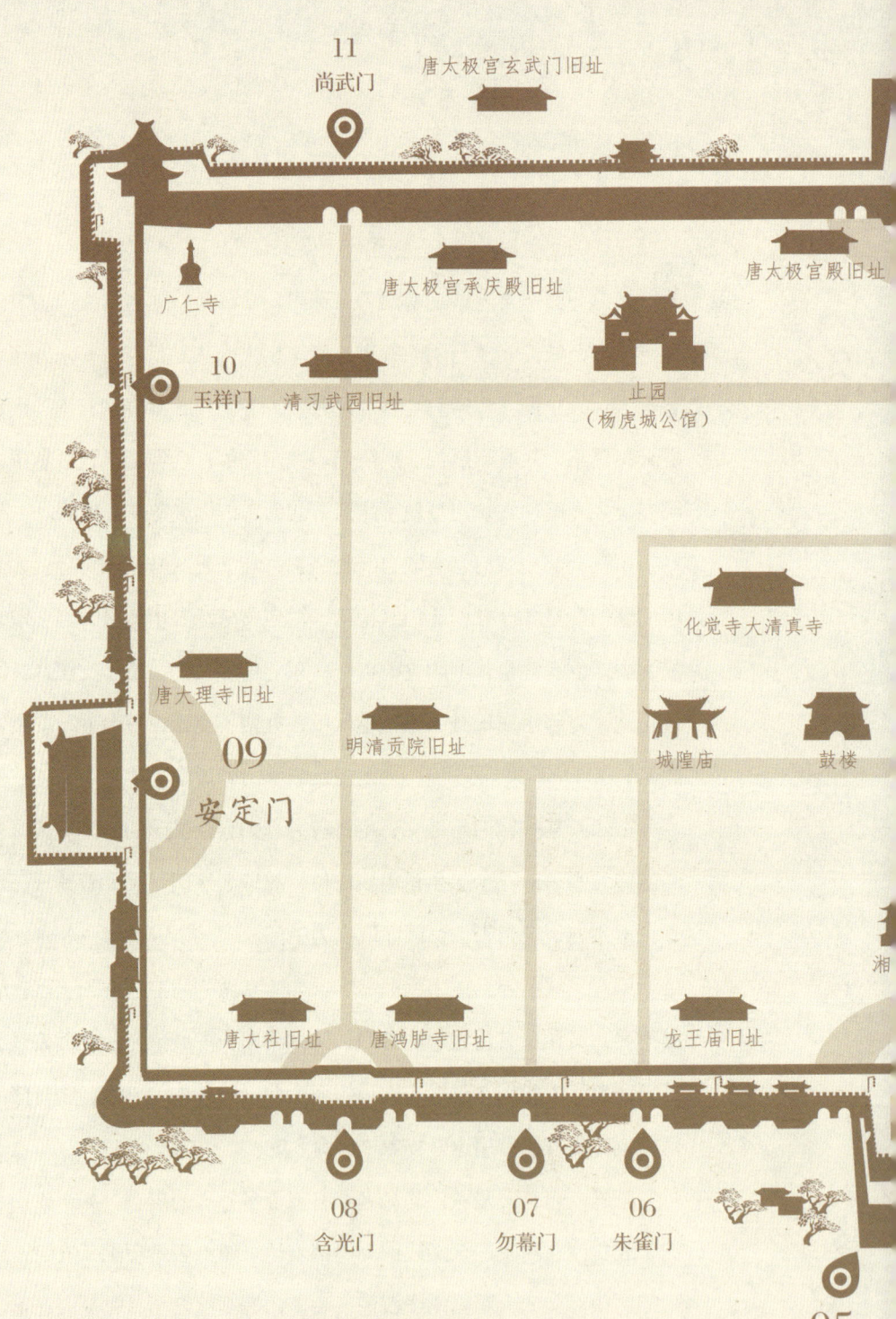

云霄之意，体现了皇权的至高无上。

西安城墙现存城门18座，其中东面三门，分别为朝阳门、中山门和长乐门（东门）；南面七门，分别为含光门、勿幕门（小南门）、朱雀门、永宁门（南门）、文昌门、和平门和建国门；西面二门，即玉祥门和安定门（西门）；北面六门，分别为尚德门、尚武门、尚勤门、尚俭门、安远门（北门）和解放门（原中正门）。这些城门的命名也遵循了前文所说的城门命名原则。

定方位，以四灵命名

明城墙的朱雀门继承了隋唐时期城门以四灵命名的名字。朱雀门为原唐皇城正南门，位居皇城南墙中部稍偏西（遗址在今朱雀门新开口东约50米处）。正南为四灵中朱雀所处方位，故而得名。

隋唐时期，皇帝有时在此举行盛大庆典活动。开皇九年（589）正月，晋王杨广与大臣杨素率五十万大军攻破建康（今江苏南京），俘获了陈后主陈叔宝，灭掉了陈国，结束了南北朝时期南北分裂局面，实现了全国的大一统。《隋书·食货志》载隋文帝回师之日"亲御朱雀门劳凯旋师，因行庆赏。自门外，夹道列布帛之积，达于南郭，以次颁给，所费三百余万段"。除了迎接过隋文帝凯旋，唐代，当远在洛阳的唐玄宗收到西去取经的玄奘的上表，得知其不久归长安的消息后，即令西京留守左仆射梁国公房玄龄使有司迎接。当玄奘返归至汉城之西漕上时，官府不知，仪仗不及陈设，而长安百姓僧众闻知，皆奔走相迎，从汉城西到京城朱雀门二十多里的道路上，围观若堵，从者如云，因道路堵塞，玄奘无法进城，只得就宿于郊外的馆驿。虔诚的信众，守在馆外，通宿站立。或说玄奘于贞观十九年（645）春正月七日，"还至西京，京城留守房玄龄遣官奉迎，自漕上而入，舍于朱雀街"。

清代，在朱雀门内东侧，有一座奉祀神话中雨神龙王的祠庙。此庙是奉雍正皇帝敕令而建，陕西总督巡抚等地方官员，还举行过隆重的恭迎龙王神像由京至陕的活动。据〔雍正〕《陕西通志·祠祀》载，"雍正五年七月内奉上谕：'龙神专司各省雨泽，地方守土大臣理应虔诚供奉，朕特造各省龙神大小二像，可着该省督抚迎请，供奉本地，虔诚展祀，钦此。'随迎请福秦顺应龙神大小二像，立庙宇供奉在府治西南。"西安朱雀门内东侧的龙王神庙由此而建。乾隆二十四年（1759），朝廷颁定每年以春秋仲月（二月、八月）致祭龙王神。乾隆二十七年（1762）与五十八年（1793），又多次重修此龙王庙。庙址在今朱雀门内东侧五岳庙门街西段路北。

算五行，寄永安之愿

明时所开四座城门，即长乐门、永宁门、安定门、安远门则都表达了统治者的美好愿望。其中长乐门为东门，因大明国都南京位于西安东面，故有祈愿大明江山长盛不衰，皇帝长久欢乐之意。南门为永宁门，因南面为火神之位，故有祈求永葆安宁，免遭火灾之意。西门为安定门，寓意西

东岳庙壁画

部边疆安泰康定。北门为安远门,安远二字代表中原政权对北方少数民族所采取的怀柔安抚政策。

长乐门内北侧有一座著名的东岳庙,为祭祀"岱宗"即五岳之首东岳泰山神的祠庙,现辟为西安民俗博物馆。据民国《咸宁长安两县续志》记载,东岳庙创建于宋政和六年(1116)、明弘治(1488—1505)间、万历十年(1582)及清光绪十一年(1885)进行了多次修葺。尤其在万历十年(1582)秦王曾翻修大殿,雕琢刻镂十分精致。原殿宇规模较大,正山门朝南,东、西有偏门。庙院内东西两侧为对称的厢房,中间为大殿、中殿和后殿。大殿前有石牌坊、石狮子和石碑等。大殿系明代所建，面阔五间，月台高1米以上，廊庑深邃，气象雄浑。屋顶覆盖琉璃瓦。殿内东西两壁绘有神话传说壁画，于清朝乾隆二年（1737）重新绘制。东岳庙大殿壁画是陕西境内现存宫观壁画中单体面积最大的。

永宁门附近历史遗址遗迹密集，这与它的重要地位密不可分。西安南城门永宁门是在隋唐长安皇城安上门基础上改筑而成的。安上门建于隋开皇二年（582）六月至三年（583）三月，为皇城南面偏东门，这里主要是尚书省、门下省、礼部、太常寺等国家中枢所在地。唐至德三载（758）正月，改称先天门，不久复其原称。唐末天祐元年（904），韩建以皇城改筑为新城，先后关闭了皇城南面朱雀门与含光门，遂以此门为南墙唯一门，历五代宋金元时期。明洪武七年至十一年（1374—1378），以皇城为基础拓筑再建西安城时，仍沿用此门为南城门，但改门名为永宁门。

永宁门门楣

　　除了上文提到的学府文化之代表地——关中书院在永宁门附近外，还有在瓮城南墙前正对内城门洞处的一座关帝庙。关帝庙背南向北，庙中奉祀着关羽的坐神像。在关羽神像的两侧，各立有一尊神像，左边是关羽的儿子关平，右边是手持关羽青龙偃月刀的关羽部将周仓。庙前立有照壁，两侧竖有高大的铁旗杆，旗杆顶端插铁斗及三角形小铁旗。当时进出南城门，都要从瓮城这座关帝庙前经过。西安南门瓮城特立关帝庙，反映了人们祈求关帝神护国保民灵佑一方平安的期望。关帝庙一直保留到新中国成

永宁门

立前夕。

　　永宁门东侧书院门街西口路北，竖立着一座古塔，名宝庆寺华塔。宝庆寺原在隋唐长安城安仁坊，旧址约在今南门外友谊西路东段路南小雁塔附近，建于隋文帝仁寿（601—604）年间。唐文宗时因在该寺以五色砖作塔，故该寺又称华塔寺。明景泰二年（1451）移建该寺与塔于今址。清雍正元年（1723）修葺。寺院于清末毁圮，现仅存砖塔。该塔称华塔，通高23米，底边长2.68米。平面呈六角形，共七层。塔身层间叠涩出檐，一、二层檐下施砖雕斗拱，二、四层每面辟有佛龛，龛内嵌有石造像。六层仅有砖龛一孔，内有半身石造像一尊，造型与北魏、隋唐石刻造像相近。塔顶平砖攒尖，置宝瓶式塔刹。明万历二十年（1592），冯从吾等学者曾在该寺讲学。该寺原有许多堪称绝世佛教造像雕塑，1929年前后流失于西方和日本。

永宁门西侧有一座坐西向东的湘子庙，为祭祀传说中道教八仙之一韩湘子的祠庙。建于何时已不可考证。现湘子庙占地2.3亩，由正门至后殿分为二进，有大殿、二殿和侧殿及东西两跨院。2005年，按明清时期的建筑风貌对湘子庙进行了修复。

韩湘子，初名韩湘，唐修武南阳（今河南修武东北）人，一说河南河阳（今孟州东北）人。唐人韩愈侄十二郎之子，为愈侄孙。考取长庆三年（823）进士。唐人段成式《酉阳杂俎》卷十九记载，

宝庆寺华塔

湘子庙

韩湘子性狂率，有异术，曾在初冬时于数日内令牡丹花开数色，每朵之上有一字，共十四字，联为韩愈贬官时所写《左迁至蓝关示侄孙湘》诗中"云横秦岭家何在，雪拥蓝关马不前"之句，示给韩愈，韩愈大为惊异。《青琐高议》又说他曾以法术点化韩愈，并告知韩愈未来之事，后皆应验。元和十四年（819）韩愈因谏迎佛骨事贬官潮州，至蓝关遇雪，湘往见。传说中韩湘后称韩湘子得道成仙之事，当由此附会而来。八仙故事多见于唐宋元明文人的记载，但八人具体是谁，众说纷纭，至明吴元泰《八仙出处东游记》里，才确定八仙八人。

安定门原为隋唐长安皇城西面中门顺义门。建于隋开皇二年至三年（582—583），中以横街（今西大街与东大街西段）与皇城东面中门景风门东西相通。唐末天祐元年（904），韩建以皇城改筑为新城，封闭了原皇城西面偏北门安福门，而保留了此顺义门为唯一的西城门，历五代宋金元时期。明初以唐皇城为基础拓筑改建西安城时，仍以此顺义门为西城门，但改门名安定门。如同南城门永宁门一样，改隋唐过梁式三门洞为砖砌拱券式单门洞。日本考古学家那波利贞在《唐代社会文化史研究》一书提出，西门为"古丝绸之路"起点。

今安定门北侧在唐代为皇城内大理寺（唐朝中央最高司法审判机关）所在地，在明清有陕西省举行乡试的考场贡院。明清科举之制，各省于省城均置贡院，三年一大比，届时本省生员（府州县学的学生）与监生（由国子监肄业者）等，会集省城，参加乡试于贡院，考中的称为举人。西安

安定门城楼

安定门门楣

贡院建于明景泰（1450—1456）年间。贡院号舍原为席棚，嘉靖四年（1525）悉易为木，又拓筑数百间，筑内外缭垣。贡院内有五星堂、明远楼、至公堂、聚奎堂、主考厅、五经房等建筑。清雍正元年（1723），陕西巡抚葛世图续建加固号舍，改筑为瓦砖房。〔雍正〕《咸宁县志·建置·贡院》称其"堂舍规度宏丽森严为天下第一，名公题咏甚富"。光绪三十一年（1905）七月，因科举制度停罢，贡院随之而废。今西大街西段北侧西门附近的贡院门街及东、西举院门巷，皆因在昔贡院附近而得名。

安远门，俗称北门。安远二字是继承中原汉族朝廷对边远少数民族采取的怀柔安抚政策，希望边远少数民族对朝廷知恩归顺。远在唐代，北门是迎宾的主要之门，称"天下第一门"。

今安远门内西侧，约在今西安北门内糖坊街近北城墙处，为唐长安太极宫唐武德殿旧址。武德殿建于隋，位于太极宫中部以东近宫墙处，隔墙与东宫相邻。殿院前有武德门，左右有东西门。此殿为太极宫重要宫殿之一，隋文帝曾在此殿大会群臣，宣布废原太子勇为庶人。隋末义宁元年（617），李渊领兵入长安，立杨侑为隋恭帝，自为大丞相，丞相府即设在此殿院。唐初，齐王李元吉亦居此殿后院，故贞观十六年（642）唐太宗欲令魏王泰入居此殿，魏徵上书谏阻说："王为爱子，不可使居嫌疑之地。"唐高祖、太宗常在此殿举行大射礼。高宗曾命李安期、李义府、许敬宗在武德殿修书。玄宗即位之初，因太上皇仍居太极宫，占用太极殿，玄宗即暂处武德殿听政。僖宗后期居住并死于此殿。昭宗居住于西内，曾在此殿听政，时人曹松《武德殿退朝望九衢春色》诗有"玉殿朝初退，天街一看春。南山初过雨，北阙净无尘。夹道夭桃满，连沟御柳新"之句。

据易经，谋六爻地势

《周易》是我国传统经典之作，位于"儒家十三经"之列，是"四书五经"之首，千百年来对社会生活方方面面都产生了深远的影响。翻开《四库全书》名录可以发现，以研究《周易》而衍生的著作汗牛充栋，不可胜数。《周易》具有"玄儒两重性"，玄为风水堪舆之说，儒体现在其对封建等级礼制的影响之上。中国古代城墙修建过程中，也体现了这种思想。虽然，明西安城相比隋唐长安城已经没有了"六爻"地势，且受制于依旧城之制，新城难以在整体上完全依照风水堪舆之说来规划，但还是能从西安城墙城门的建设中寻找到堪舆学的蛛丝马迹。

含光门为唐皇城南面偏西门，即位于南西方，从文王八卦来看，属于坤位,《易经·象卦》中说道"至哉,坤元,万物资生乃顺承天。坤,厚载物,德合无疆。含弘光大,品物咸亨",故而得名"含光"。含光门虽属偏门,但由于与鸿胪寺、太社、西市相邻,其地理位置很重要,是唐丝绸之路的始发点和终点。

除含光门位居坤位,取"含弘光大"之意外,明代西安城墙的长乐门、安定门、永宁门、安远门这四座城门外均建有一瓮城,四门与瓮城的形制与规格虽基本相同,但也略有差别,其中东西瓮城均开有四门,南门瓮城开有三门(箭楼下无门),北门瓮城开有二门。这种开门数量的讲究也与《易经》和堪舆学有着极其紧密的关联。

首先来看东门,东门瓮城有四座门洞,外面的羊马城与其他三门不同的是与东门瓮城东墙相连,没有围绕瓮城而建。它的方位在正东,八卦属"震"位,《易经·说卦传》中有云"帝出乎震……万物出乎震",震是太阳升起,是万物之祖出现的地方,五行属木,节令上与春天对应,象征万物生发。东方又为四象中的青龙所在,象征喜庆、吉祥,常言紫气东来,东方永远是社会发展的活水源头,四门道象征吸收吉祥之气。寓意长久安乐。

再看南门,南门瓮城内有三门,在东、西、北城墙,而瓮城南墙下不开门,外面的羊马城围绕瓮城而建。它的方位在正南,南为"离"位,"离也者,明也,万物皆相见",象征光明、宽广、清新的美,是万物相见之地,所以也有"圣人南面而听天下"之说。然而,"离"位五行属火,为四象中朱雀所在，节令中对应为夏，象征万物生长，却也易遭火德之灾。而南瓮城南墙下不开门，寓意上可通光明，下可挡火灾，永葆安宁。此外，南门瓮城内建有一座关帝庙，在我国西北地区又有以关公为火神转世之说，在此祭祀关帝，想来也是如此之意。

西门瓮城有四座门洞，外面的羊马城围绕瓮城而建。它的方位在正西，后天八卦中属"兑"位，五行属金，"兑正秋也，万物之所悦也"，也就是说，兑象征着丰收的秋季，有天降雨泽之象，事事通顺。而这里又是古代"丝绸之路"的主要商道，寓意着商业繁荣；西方为四象中白虎盘踞之地，白虎为杀伐之神，能够守财，不畏灾邪，因而可以开四座瓮城门从四方聚财。

北门瓮城有南北两个门洞，外面的羊马城围绕瓮城而建，它的方位在正北，属后天八卦中的"坎位"，坎为水，欲使水长流不滞，故在南北开两个门洞以利于水流，又，水要细水长流，因而也不能多开城门。北方属四象中玄武坐镇之地，玄武象征岿然不动、靠而有力，只开南北两瓮城门也寓意着希冀城内稳定安远的愿望。

以人名，念丰功伟绩

民国时所开四座城门皆是以人名进行命名。其中中山门是为了纪念伟大革命导师孙中山而得名；玉祥门则是为了纪念冯玉祥将军解西安"八月围城"的功劳而命名；勿幕门是为了纪念陕西革命先驱井勿幕得名。它寄托着西安人民对几位为中国民主革命做出重大贡献或与西安历史发展有着重要关系的人物的怀念和敬意。

中山门，又叫小东门，位于西安东城墙偏北，开辟于1926年底，它凝结着冯玉祥将军在西安的一段历史情缘。1926年正值第一次国内革命战争时期，在中国共产党人的帮助下，孙中山提出"联俄、联共、扶助农工"三大政策，实行国共合作。为了反对北洋军阀的统治，同年7月9日，国民革命军从广州出发分三路进行北伐。当北伐军攻抵武汉时，冯玉祥于9月17日在绥远省五原县（今内蒙古包头西北）誓师，组成国民联军，任总司令，宣布拥护孙中山先生的革命主张，以所部集体加入国民党，并即日率部援陕，解北洋军阀吴佩孚部刘镇华镇嵩军围西安之困，以策应北伐战争。在冯玉祥将军的倡议下，开辟了东城墙此门，为了纪念孙中山先生，冯玉祥命名此门为中山门。此门并开南北二门洞，分别起名为东征门和凯旋门。1927年5月1日，冯玉祥率军参加北伐，就是从此东征门出城的。

中山门不仅是中国近现代革命历史的见证，其附近也存有古代佛道思想传播的著名寺庙道观。在中山门外东南的东关炮房街，有一座唐代著名的佛寺——罔极寺。该寺位于唐长安外郭城东北隅大宁坊的东南隅。内之佛像之大，居西安诸寺院之首。是唐中宗神龙元年（705），太平公主为其母武则天祈福而建。寺名取《诗经》"欲报之德，昊天罔极"之义，言欲报父母恩德，我心无极，故命名为罔极寺。

中山门外东北方，有西安地区全真教派最大的一座道教——八仙庵。

罔极寺

八仙庵旧影

八仙庵，又名八仙宫，为十方丛林。俗传宋时有郑生见八仙显化于此，遂建庵。光绪二十六年（1900），慈禧太后与光绪皇帝逃至西安时，曾赐银千两修造青砖牌坊两座及大影壁，并敕封八仙庵为"万寿八仙宫"。

冯玉祥将东城墙的小门命名为中山门，为了纪念孙中山先生，而西安人民为了铭记冯玉祥于1926年11月解西安围城之功，在1928年，于西安西城墙北段新辟一门，命名为玉祥门。

玉祥门附近存有汉唐诸多历史遗迹。1978年5月在今玉祥门内西五台以西，距今西安西城墙240米处的唐内侍省遗址，发现了光化二年（899）岁次乙未六月癸亥朔二十七日己丑建的《大唐重修内侍省之碑》。唐内侍省唐代宦官机构，是唐中央机构"六省"之一。

勿幕门是西安城墙南墙西侧的一座城门，位于南城墙含光门与朱雀门之间。勿幕门为单门洞，门内为四府街，门外为红缨路。唐代，勿幕门内有鸿胪寺，门外是善和坊，坊内有唐御井和柳宗元、欧阳询等名人宅第。

勿幕门（20世纪80年代初）

勿幕门为1939年4月为抗战防空需要而开通，11月加砌砖碹竣工，未命名，俗称小南门。1945年11月为纪念辛亥革命先烈井勿幕先生，经于右任先生提议，陕西省政府决定，自1946年2月2日起，将小南门命名为"井上将门"，将南四府街至琉璃庙街（小南门至西大街全段）改为"井上将街"。后因有议员提出议案，井为姓氏，上将为军衔，不是专指。西安市政府于1947年3月17日，更名为"勿幕门"。

井勿幕(1888.2.12—1918.12.23),原名井泉,字文渊,后通用井勿幕,笔名侠魔,陕西省蒲城县(今属铜川市印台区)广阳镇井家塬村人,是中国最早的同盟会员之一。在辛亥革命中,他积极奔走,被孙中山誉为革命的"后起之秀""西北革命巨柱"。1903年12月留学日本,入东京大成中学学习日语和普通学科,是陕西早期的留日学生。1905年8月20日由陕西同乡康心孚介绍加入中国同盟会。井勿幕曾担任南京临时国民政府稽查局副局长、陕西靖国军总指挥,是陕西辛亥革命的先驱和杰出领导人之一。

井勿幕的事迹是陕西辛亥革命中最为绚丽的一页。1911年4月27日广州起义失败,井勿幕与总部诸人计议,亲赴渭北布置,准备起义。以革命大局为重,不争权不争利,拒绝众人推举他为大都督,他始终表现出的高风亮节让人敬佩。1918年,云南靖国军来援助陕西,井勿幕前往凤翔县慰劳后在返回三原的途中,被陈树藩在靖国军内的奸细杀害,年仅31岁。

井勿幕推动辛亥革命的作用,并不局限在西北,他筹划过秦、晋、川、陇、豫五省大联盟,在南方亲自参与了庆安、镇南关、河口等地的起义,他也是参与孙中山所主持的同盟会总部工作的一位重要帮手。他所写的《二十世纪之新思潮》这一篇文章,不仅提出了要以人民大众的民主革命来推翻封建专制王朝的思想,还预见到未来要实现社会公平、追求人民平等。尤其在1908年发表的长篇政论文章《二十世纪之新思潮》一文,盛赞社会主义理论，指出资本主义制度已成"晚照斜阳，行将就没而黑云蔽空"，"冲天之大浪来者，即此社会主义新思潮也"。这是迄今为止发现的全省乃至全国最早介绍马克思主义的文章。井勿幕先烈不仅为革命出生入死，而且在戎马倥偬之余，写出不少好诗。可惜战乱之中大都遗失，从所保留下来的不多的篇章，自题书房联："伤心痛苦几无泪，悲楚行吟尽是忧。"以屈原自诩，忧国忧民，悲痛无泪。依然能感到诗中表达出的冲天的雄心壮志，字里行间流淌出的殷殷爱国之情。

立儒学，扬勤俭武德

尚德门、尚勤门、尚武门、尚俭门4门取名皆是宣扬儒家的指导思想。均位于明城墙北侧。汉武帝时期，确立了儒家思想的统治地位，为了宣扬儒家思想，巩固统治，故将儒家崇尚的"良好品德、习武健身、勤俭节约"，寄予尚德路、尚勤路、尚俭路，以此宣传中华民族传统美德。

其中，尚德门在昔大明宫建福门前光宅坊南，北对大明宫建福门。建福门为大明宫南宫门之一，位于丹凤门西，相距约415米。建于唐高宗龙朔（661—663）时期，门下开三洞，上建楼观。门内有下马桥，桥下有龙首渠水通过。建福门与望仙门为唐代百官早朝入大明宫之门。唐宪宗之前，每逢早朝，宰相于光宅坊太仆寺车坊待漏等候宫门开启，其他官员则在光宅坊佛寺或寻另处等候宫门开启。元和二年（807）六月，宪宗诏令于光宅坊专置百官待漏院，早朝前，百官可在此避风寒，各据班品为次晨集，候宫门按漏（漏为古代滴水计时的仪器）开启时，由监察御史传点毕，引百官入建福门早朝。《雍录·待漏院》记载："初，百官早朝，必立马建福、望仙门外。"宰相入朝，也翼卫及建福门而止。

今尚德门外西侧，曾是唐代宫廷燕乐艺人教习所右教坊。开元二年（714），唐玄宗整顿国家音乐机构，以太常寺典领雅乐（庙堂之乐），另设教坊多处，典领燕乐（宫廷与官邸平日宴饮和娱乐时演奏的乐舞），以中官为教坊使，直属宫廷。时右教坊设在光宅坊，其中乐舞艺人，以善歌取胜。

沿尚德门，顺着城墙一路向东，步行约500米，便可看到今尚俭门。今尚俭门位于昔唐长安外郭城东北隅丹凤门街北段之处，北对丹凤门。唐高宗龙朔（661—663）时期，将大明宫前的翊善坊与次南永昌坊，各中分为两坊，中开丹凤门南北大街。此街南北尽二坊之长，约1200米，街宽一百二十步，约合176.4米。这条垂直于大明宫前的纵街，是长安城中最为宽阔的一条大街，实际上是大明宫丹凤门前的一条大的宫廷广场。尚俭门外，唐时有一座保寿寺。该寺位于唐长安城东北隅大明宫前翊善坊，本为大宦官高力士宅，天宝九载（750）舍宅为寺。寺院规模宏大，以翊善坊连接南面的来庭坊，占南北两坊之地。寺中塑有先天菩萨像，共二百四十二首，其藏经阁规构危巧。传说当时保寿寺初铸钟成，高力士设斋庆贺，文武百官，举朝毕至。凡撞钟一下，即要施钱百千。有规劝高力士其意者，连击至二十杵。

沿尚俭门再向东走约200米,便来到了尚勤门。尚勤门北对昔唐大明宫望仙门。望仙门为大明宫南宫门之一,位于丹凤门东。门下开三门洞,门上建有楼观。门内有下马桥,桥跨龙首渠。此门亦为唐代百官早朝入宫之门。德宗贞元二年(786)八月增修,敬宗又造门侧看楼十间。望仙门内之东有雅乐乐具库。门址约在今尚勤门北二马路东童村处。

与尚德门外西侧的右教坊相对应,今尚勤门外东侧,在昔唐长安城长乐坊中设有左教坊,和右教坊一样,也是唐代宫廷燕乐艺人教习所。其左右之名称,以在大明宫前位置东西而定。左教坊以工舞见长,右教坊以善歌取胜。左右教坊合称外教坊,共有乐舞艺人数千人,其艺术水平仅次于梨园和内教坊(内教坊在大明宫东南隅东内苑),高于洛阳教坊和梨园新院。

今尚勤门内东侧,昔唐长安长乐坊西南隅有座兴唐观。此处本为司农寺园地,开元十八年(730)创立此道观。当时唐玄宗敕令速建成,遂拆兴庆宫通乾殿以造天尊殿,拆大明宫乘云阁以造门屋楼,拆白莲花殿造精思堂屋,拆甘泉殿造老君殿。宪宗元和初年,又命中尉彭忠献率三百人再修兴道观,并赐钱千万,使壮丽其制。

与尚德门、尚勤门、尚俭门都位于城墙东北侧不同,尚武门"特立独行"地被设立于城墙西北侧,在唐代太极宫西宫墙嘉猷门处。嘉猷门为太极宫西宫墙的偏北门,西通掖庭宫。掖庭宫位于宫城的西偏,遗址在今西安城西北隅,南起今西五台,北至自强西路以北,西至今西安西城墙,东至今西北三路,面积为1平方千米。掖庭宫内分为三部分,南部为宦官生活及其机构内侍省之处；中部为宫女居住区及犯罪官僚眷属妇女配没入宫劳动习艺之处，建有众艺台，为教艺之所；北部为太仓贮存米谷之处。

今尚武门，又称小北门，因门内原为清代习武园，故得名。《咸宁长安两县续志·衙署志》记载："习武园，即演武场，巡抚循例大阅之所，在万寿宫（址在今西北三路南口之西）西北。历科武闱乡试校士亦在此。科举停，遂专为校阅地。"说明这里是清代西安城平日训练与陕西巡抚于每年秋季降霜时节循例大阅绿营兵和考试武举人的地方。康熙四十二年（1703）圣祖皇帝西巡来西安，曾亲临此习武园校阅军队。

在尚武门内之西，有西安地区唯一的藏传佛教寺院，名广仁寺。尚武门东侧，为昔日唐长安太极宫承庆殿处。该殿位于太极宫中部西偏近宫墙处。建于隋，初称承乾殿。唐初，秦王李世民曾居此殿，并在此殿生有儿子，因殿之名，称为李承乾。武德五年（622）之后，秦王李世民始由此殿移居西内苑弘义宫。承庆殿后为皇帝在内廷处理政务和举行宴见之处。《新唐书·武平一传》载，中宗宴于两仪殿，令胡人唱合笙，武平一上书谏云："两仪、承庆殿者，陛下受朝听讼之所，比大飨群臣，不容以倡优狎亏污邦典。若听政之暇，苟玩耳目，自当奏之后廷可也。"景龙二年（708）七月癸亥，中宗曾在此殿录囚徒；景云二年（711）九月丁酉，睿宗在此殿宴见过吐蕃使者。

尚武门偏东北，西安自强西路中段路北，是唐代著名的玄武门。玄武门南不与承天门相对，但为太极宫北面正门，门上建有楼观。武德九年（626）

城墙脚下的广仁寺

六月四日,李世民诛杀太子建成、弟元吉的"玄武门之变",景龙三年(709)太子李重俊剪除武三思,唐隆元年(710)临淄王李隆基剪除韦后等宫廷政变均发生在这里。景龙三年(709)八月,太子李重俊欲诛韦后攻入西内,兵围玄武门楼失败后,改门名为神武门,改楼名为制胜楼。玄武门地据龙首原高坡,北临西内苑,前俯宫城,控制着太极宫的制高点,故唐代发生在太极宫的宫廷政变,多是因为控制了此玄武门而取得胜利的。玄武门由于是宫城北面的重要门户,有禁军"飞骑"兵屯驻防守。

拜魁星,祈文运昌盛

西安城文昌门命名于1986年,因门内旧有文昌庙而得名。文昌门内西偏,明清时设有西安府学、长安县学与咸宁县学,而在此学宫的东侧正对今文昌门处,建有一座文昌庙。文昌庙,亦称文昌宫，为奉祀文昌帝君的祠庙。文昌星神话传说为主持文运与功名利禄的星宿。

文昌门，一方面表明自隋唐以来这片地区就是文化昌盛之地；另一方面，城墙之上的魁星楼，表达了祈求文运昌盛的美好意愿。古人认为文曲星是北斗星中的第四颗，名称天权星，是主宰天下文运的万乘之尊。道家学派演易卦将天权星定名为文曲星，八宅学派将文曲星定性为水星。中国神话传说中，文曲星是主宰天下文运的星宿。大凡科考中榜位列一甲而被朝廷录用为大官的人，民间都认为是文曲星下凡。历史上被民间认定为文曲星下凡者有比干、包拯、许仙的儿子许仕林。文曲星在卦学的阴阳五行中，代表坎卦北方水，因其与文昌星都是主管天下文运而同属为吉祥星宿。而文曲星与文昌星不同的是，文曲星主管文学的同时，也掌管艺术，因文曲星代表北方水，有阴性桃花，即有水性杨花的风流特性。而文昌星纯粹只是掌管文学的星君尊神。

自从元仁宗延祐三年（1316）将晋张亚子"梓潼帝君"加封为"辅元开化文昌司禄宏仁帝君"简称"文昌帝君"后，遂与文昌星两者合祀，并建庙于学宫附近，以祈学子文星高照，文运大兴，科考折桂，博得功名。

在文昌门城墙上，建有一座高16米左右二层四角攒顶式的魁星楼。此楼的修建，在西安城中有一段传为佳话的趣闻，已在上文讲述。

文昌门内西侧，有闻名全国的西安碑林博物馆和著名古刹——卧龙寺和西安碑林博物馆。西安碑林博物馆是目前国内集中收藏古代碑刻数量最多、历史最久的一处碑林。西安碑林形成了唐末至北宋二次迁置唐《开成石经》的过程中。唐末天祐元年（904），韩建放弃宫城与外郭城，而以皇城改筑为新城，原外郭城务本坊太学被隔在新城之外，石经委弃于野。五代后梁时，韩建与长安守将刘鄩将石经收集藏于府城内原唐"尚书省之西隅"，旧址约在今西大街北广济街东侧，这是唐末以后第一次迁置石经。后经过多次迁置，最终促成了碑林的形成。碑林形成后，历代均有整修收藏，初称"碑院"，自明代万历年间始称"碑林"。现藏自汉迄民国各代碑石、墓志一千六百余种、二千五百余石。西安碑林堪称是一座儒家经典的石质图书馆和内容丰富的史料档案库，是中国文字发展史的直观展示和中国古代书法艺术和石雕刻艺术的宝库。文昌门不仅是文化昌盛的代表，这里更居住过许多历史名人，今文昌门外文艺路北段路东有唐褚遂良宅。在文昌门外西侧环城公园入口处，即原唐长安务本坊太学附近，竖有唐代日本遣唐留学生、中日文化友好使者吉备真备纪念碑。

新时代，取特殊寓意

西安城墙其余诸门，皆是新中国成立后所命名。有为纪念解放战争胜利命名的"解放门"；也有纪念新中国建国的"建国门"；表达了中国人民祈愿和平的"和平门"；祝愿新中国如朝阳般冉冉升起的"朝阳门"。

解放门，原名中正门，位于西安北城墙解放路（原名为尚仁路）北端。1934年底，随着陇海铁路通车西安，在西安城东北隅正对火车站的城墙

孔庙内古柏参天、碑石林立（摄于民国时期）

上开辟了中正门，是当时因蒋介石即将到西安视察而命名的。1949年为纪念西安解放改为今名。1952年因扩建西安火车站而将站前城墙拆除，豁口通道宽516米。2004年12月，火车站前解放门豁口城墙实现连接，这里介于唐长安城翊善坊和光宅坊之间，北临唐大明宫丹凤门。在"西安事变"前三天，即1936年12月9日，西安爱国学生冲出中正门赴临潼请愿。

解放门附近是唐代政治文化生活繁荣的地方。这里有唐代翊善坊保寿寺和光宅坊光宅寺，这两个地方是文人墨客的游览之地，段成式、温飞卿、余知古、韦蟾、周繇常来此唱和，联句对歌。同时，解放门靠近唐丹凤门，是唐代皇帝在大明宫举行"外朝"大典之处。

唐代丹凤门如同太极宫的承天门，与含元殿相配合，凡元正、冬至举行朝会，及会见各国使者与各民族贡使和首领，或登基、改元、大赦，都在此门楼举行盛大活动。如唐肃宗改元为乾元、上元，德宗登基及穆宗、武宗等帝登基后的大赦之典，都是在丹凤门楼上举行的。唐人张祐《元日仗》诗云："文武千官岁仗兵，万方同轨奏升平。上皇一御含元殿，丹凤门开白日明。"

如果说含光门外的大唐西市沟通国际贸易，那么建国门外的东市则是国内，特别是长安富裕家庭日常消费的好去处。建国门，顾名思义，是为了纪念解放战争胜利而得名。今建国门外东侧，即为唐长安"东市"贸易市场旧址。东市面积占南北二坊之地，南北长1000余米，东西宽924米，平面形制为纵长方形。周筑市墙，每面各开二门，中有"井"字形四条大街，把该市划分成九个长方形区域，商铺皆临街开店，进行贸易。东市是长安城中手工业生产与商业贸易的中心地之一。这里店铺毗连，商贾云集，工商业十分繁荣发达。据《长安志·东市》记载，东市内生产和出售同类货物的店铺，分别集中设立在同一区域，叫作行，堆放商货的货栈，叫作邸。当时，东市共有二百二十行，四面立邸。如有铁行、笔行、肉行、麸行、金银行、绢行、药行等。由于东市靠近三大内，周围坊里多达官显贵住宅，如唐初大臣长孙无忌居宅、明代郡王府第阳王府，故市中"四方珍奇，皆所积集"。此外建国门附近还是明代西安左卫指挥使署所在。

从东市一路沿城墙向北走约3千米，便看到了朝阳门。朝阳门取祝愿新中国如朝阳般冉冉升起之意。其位置在西安城墙东北侧，原隋唐长安外郭城大宁坊西街处。大宁坊为隋唐长安外郭城坊里之一，位于朱雀街东第四街（皇城东第二街）街东从北第二坊，在郭城的东北隅。南北长588米，东西宽955.5米，形制为横长方形。周筑坊墙，四面各开一坊门，中有通四坊门的十字大街。东南隅有神龙元年（705）太平公主为其母武则天祈福所立的罔极寺。西南隅有天宝元年（742）所立太清宫。此坊因靠近三大内，因而官僚贵族宅第密集，栋宇相接。唐末韩建以皇城改筑为新城后，此坊被隔于新城东墙之外，历五代宋金元时期。明初拓筑西安东城墙至今址后，此坊西半部包入城内，新中国成立后，为满足交通的需要，开辟此门，门址在原大宁坊西街中段处。

今朝阳门内南侧，唐代时有一座著名的道观太清宫。这座道观的设立，有一个神话传说。天宝元年（742）正月，陈王府参军田同秀上言玄宗皇帝说："玄元皇帝（指道教始祖老子。李唐以老子李耳为始祖，唐高宗上老子尊号为太上玄元皇帝）降，见于长安丹凤门之通衢，以天下太平、圣寿无疆之言传于皇帝，并告赐灵符在尹喜之故宅。"玄宗听言大喜，始祖显灵，以为神佑，于是遣使臣往桃林县函谷关尹喜台西，果然得到老子所赐灵符，由此玄宗令在长安大宁坊西南隅今朝阳门内南侧建玄元皇帝庙。同年九月，改庙名为太上玄元皇帝宫。次年正月，加号"大圣祖"，三月，改名太清宫。太清宫内，以太白山白石雕塑老子像，又采白石为玄宗等李唐帝王像，侍立于老子像侧。宫垣之内，连接松竹，以像仙居。宫内有圣祖殿、御斋院、公卿斋院等，圣祖殿有名画家吴道子所画老子像。宫的正门称琼华门，东门称九灵门，西门称三清门。德宗贞元十三年（797），由东面永嘉坊西北支分龙首渠水，流至大宁坊西南隅太清宫前汇为池。宫址约在今西安城内朝阳门内南侧东四路东段。

西安城墙从和平门、文昌门的下马陵到玉祥门为隋唐至明清城墙的叠加段，其他城墙段是明代建造的，整个西安城墙都在隋唐长安城中心地带。

和平门的命名，表达了中国人民祈愿和平之意。今和平门位于唐长安城崇仁坊南街南口旧址处。崇仁坊为唐长安外郭城坊里之一。位于朱雀街之东第三街街东从北第四坊。万年县领。西界皇城，东邻胜业坊，北邻永兴坊，南邻平康坊。东西宽955.5米，南北长808.5米，平面形制为横长方形。坊墙四面中央各开一坊门，中有十字大街通四门。此坊北当皇城景风门，与尚书省选院相近，南临春明门金光门大街，东南与东市相接，选人京城无宅第者，多停憩于此。其北街更是店铺毗邻，商贸之盛，倾于两市，昼夜喧呼，灯火不绝，京中诸坊，莫之与比。坊中多达官贵人与公主第宅，如太平公主宅、李林甫宅等。唐末天祐元年（904）以皇城改筑为新城后，此坊被隔于新城之外，历五代宋金元时期。

和平门南对的是唐代的"北里"，即今和平门外昔唐平康坊入北门东回的三条曲巷，因在平康坊北门里，故称"北里"。北里为长安妓女聚居之地。其中等级较高的名妓，如杨妙儿、王团儿、郑举举、牙娘、颜令宾、王苏苏、俞洛真、王莲莲等，多住在南曲、中曲。其"卑屑妓"下等妓女，居住在循坊墙的北曲。时京都纨袴常来此狎游,及第进士也每以红笺名纸游谒其中,故当时称此处为"风流薮泽"之地。郑合《及第后宿平康里》诗:"春来无处不闲行,楚润相看别有情。好是五更残酒醒,时时闻唤状头声。"楚润,即楚儿,名润娘,为当时北里名妓。唐人孙棨著有《北里志》,记宣宗大中年间长安平康坊北里妓院组织及妓女生活情况。另唐人也以里巷方位之别称北里。白居易《效陶潜体》诗:"南巷有贵人,高盖驷马车""北里有寒士,瓮牖绳为枢"。

和平门西侧顺城巷路北还有祭祀汉儒董仲舒的"董子祠",祠后有冢称为董仲舒墓。相传昔日董仲舒门人过其墓皆要下马,以示尊崇,俗呼为"下马陵",故和平门至文昌门段顺城巷,因有董仲舒墓而得名为下马陵巷。关于汉儒董仲舒的葬地在何处及"下马陵"之名,有很多种说法。今西安城"下马陵"址说,缘起于明代。明正德元年(1506),陕西巡抚王先在西安城东南郊的虾蟆陵处建董子祠。嘉靖二十一年(1542),陕西巡按都御史赵廷锡将城外"虾蟆陵"处的董子祠移建于西安城内今和平门内西侧路北,并在祠后起冢为坟,称作董仲舒墓。清康熙六年(1667),咸宁知县黄家鼎在此重建祠堂三间,并在大门外立石,上书"下马陵"三字,门额砖刻"董子祠"三字,遂相沿于今。

和平门外昔唐长安平康坊南门之东,有保唐寺。该寺建于隋开皇二年(582),初称菩提寺,唐宣宗大中六年(852)改名保唐寺。因寺东临宰相李林甫宅,故寺中钟楼不建在东侧而改建在西侧。寺中多名画家郑法士、

董仲舒墓

吴道玄、杨廷光、董谔、耿昌言所绘宗教壁画。唐孙棨《北里志》载,每月逢三、八日,士子多来此寺,以每逢此日,北里三曲诸妓多来此寺听讲席,"盖有期于诸妓也"。旧址约在今雁塔路北段路东。

西安城墙历经隋、唐、五代、宋、金、元、明、清1400多年的历史,渊源博大而丰硕的历史地理,赋予了西安城门内涵极其丰富的历史文化,虽然取名的方式和依据不同,但都寄托了中华民族对知足、乐观、奋进、勤劳等美好品质的向往和追求。

城隍庙、郭城市场、甜水井

城墙下的记忆

"长安城中第一景,西门瓮城甜水井,四个轱轳八个桶"。

西安城隍庙

城隍庙,是供奉城池守护神城隍神的地方,隍者,无水之城壕也。一般认为,城隍神源于《周礼》中所说的腊祭八神中的第七神"水庸"神,最初是作为守护城池安全的保护神存在的。至晚在三国时期,便已经有了城隍神之名,而且已经开始建城隍祠祭祀城隍神。史籍上对祭祀城隍神也多有提及,如《北齐书·慕容俨传》说:"城中先有神祠一所,俗号城隍神,公私每有祈祷。"宋赵与时《宾退录》卷八中也提道:"芜湖城隍祠建于吴赤乌二年。高齐慕容俨、梁武陵王祀城隍神,皆书于史。"宋元时期,城隍神已经成为民间普遍的信仰,京兆府城中均建有城隍庙。唐代成

西安城隍庙五间大牌坊

都城隍庙祭祀李德裕,张说写有城隍神祭文,杜牧也有关于黄州城隍神的祭祀文章。而到明朝建立之后,沿袭前代传统,对城隍神的敬重更是有所过之。《明史》志第二十五"礼三"载,洪武三年(1370)对城隍神:

"乃命加以封爵。京都为承天鉴国司民升福明灵王。开封、临濠、太平、和州、滁州皆封为王。其余府为监察司民城隍威灵公,秩正二品。州为监察司民城隍灵佑侯,秩三品。县为鉴察司民城隍显佑伯,秩四品……三年,诏去封号,止称某州县城隍之神;又令各庙屏去他神。定庙制,高广视官署厅堂;造木为主,毁塑像舁置水中,取其泥涂壁,绘以云山……在王国者,王新祭之,在各府州县者,守会主之"。

这段记载不仅说明了明代对城隍神的重视程度,而且也说明了当时城隍庙的分布情况,即上至国都,下到县城均建有城隍庙。

关于明代对城隍神的敬重还有个有趣的说法,据说明朝开国皇帝朱元璋在未当皇帝之前曾寄身于土地公庙,故而明代时土地公的崇拜开始

西安城隍庙"都城隍庙"匾额

兴盛，而城隍神又是土地公的顶头上司，因而朱元璋对其更是推崇。

西安城隍庙，创建于洪武二十年（1387），原址在西安东城内的九耀街，明宣德八年（1433），移建于西大街今址。清雍正元年（1723），庙毁于火灾。同年，川陕总督年羹尧用从明秦王府拆来的建筑材料进行重建。其后，乾隆、嘉庆和道光年间又屡次重修。现存建筑系光绪十三年（1887）所建，它占地面积之广，规模之大，冠于全省。

城隍庙大门口，原有木结构五间大牌坊一座，斗拱出檐，上面覆盖着琉璃碧瓦，颇为壮观。大门内的甬道用大块青石铺砌，甬道两侧店肆鳞次栉比，已形成各种小手工业商品的集散市场。二门内，大殿之前，建有一座结构精巧、造型美观的戏楼，与宏伟的大殿相对。大殿面阔七间，前檐隔扇上的浮雕刻画，生动有趣。殿前原有木牌坊一座，牌坊前原有的铸造于嘉靖年间的铜狮一对，今已移至碑林博物馆的东门前。今天的城隍庙已成为小手工艺品市场的代名词，城隍神也已告老还乡，安享晚年。

四 关郭城

"关城"在地方志中又被称作"郭城"。

在明代，南大街、东关、南院门左近，以及大、小皮院附近的回民市场等是四处较大的商业区，其中东关商业区由于地理条件优越，交通发达，是东南省区西运货物的集散地，因而成为西安市场中较重要的中转枢纽，市场十分繁华。这点，从炮房街这一名称也可以看出，当时的东关郭城内有着集中着众多制作售卖纸炮的作坊店铺，是当时的纸炮作坊与市场集中区。由此推测的话，东关郭城的形成应当与商业贸易繁荣有关。最初在东关，由于市场的兴起，导致大量百姓在此处聚集，为了起到规范市场及保护聚集地百姓等效果，在此处修筑了夯土墙体，形成东关郭城。

据《咸宁长安两县续志》卷四《地理考上》载，四关郭城墙在清代中后期的最早维修始于嘉庆年间，当时由于白莲教起义等民间反抗斗争风起云涌，因而陕西官府为增强西安军事防御能力，对四关郭城墙"营缮一新"。清同治八年（1869），陕西和西安官府又有"拓筑东郭"之役，此次施工不仅在东侧拓展了东关城墙，而且随着东关城区的扩大，城墙的延伸，又开辟了新郭门，称之为"新稍门"。新延展的东关城墙将原属郊区的村落"小庄""永宁庄"并入东关城内。为了便于东关城内居住的农民外出耕作田地，在士绅商民的请求下，又开辟了东关城的"东北门"。至清光绪十三年（1887），陕西、西安和长安县官府重修西关城墙，开辟南北火巷、介家巷等处"郭门"，并且"起筑郭楼"，又兴建了"西郭门"和"文昌楼"。

如同明代时的东关郭城一样，清代的四关郭城又都成为当时重要的市场区。在南郭城有青菜市，北郭城有锅店、过客店，东郭城有粮食市、菜子市、盐店、药材店、棉花店、糖果店、生姜店和过客店，市场十分繁荣，店铺种类众多，兼具批发功能。其时东关"地当大道之冲，左近有各行店，生理甚盛，凡东北、南各路大宗货物若布匹、绸缎、京货、杂货、药材，其来或入城或投行局，实为之枢纽"。关城的城门名字，如东关郭城的南郭门、南关郭城的南稍门、西关郭城的西稍门、北关郭城的北稍门沿用至今。

西门瓮城甜水井

甜水井

"长安城中第一景，西门瓮城甜水井，四个辘轳八个桶"，这是民国时期在西安城中曾广为流传的民谣。这充分说明了西门瓮城甜水井在当时人们心中的地位，表达了人们对其喜爱之情。

据《长安县志》记载，西门瓮城甜水井开凿于清康熙年间，嘉庆年间曾予修复，甜水井水量充沛，取之不尽用之不竭，是当时西安百姓赖以生存的宝井，为歌颂宝井的功德，道光年间长安县令胡兴仁曾在井旁一石碑，上书"井养无穷"。后碑已毁，1998年西安市城墙管理所曾复碑一座，但此井是何人所开，方志则无记载。2008年，西安城墙景区管委会重新翻修西门大井，重新立碑，并由著名书法家李广瑞书写。

虽然方志对该井的记载较粗略，但民间有两个很盛行的传说：第一个是相传明末时期，战乱不断，百姓孤苦，民不聊生。当时的西安城中的井水多咸卤，难以入口。当地工匠四处寻找甜水而不得，焦虑得不知该如何是好。某日，只见一名白发老者伫立于西门瓮城中，手上拿着蛇头杖杵地，杵地数寸后飘然离去。在场之人均深感此事大不寻常，于是便有工匠顺着老者留下的杖痕向下挖去，没承想居然真的挖出清泉，泉水如甘露。众人都说老者是龙王爷，满城百姓无不叩谢感恩，西门瓮城甜水井于是成为西安城内百姓的"母亲井"。

第二个传说则与第一个大不相同。相传亦是明末时期，战乱之年偏逢天灾，关中地区遭遇连阴大涝，百姓无所依靠。一侠士望天上有妖龙作孽，不忍生灵涂炭，于是与妖龙大战七天七夜，终于打败了妖龙。然而，妖龙却趁侠士不备，从西门瓮城打开水脉钻入地下妄图遁逃。侠士大发神威，用铁索将其牢牢锁住，妖龙的尾在西门，而头则在钟楼位置。此后，城中的百姓便在西门瓮城水脉开口处箍井，取水脉中甘甜的泉水供大家享用。

事实上，在西安城内的甜水井并非只有西门瓮城内这一口，从含光门里，直到桥梓口的一片区域里，甜水井并不少见。从这条街道的名字——甜水井街——便可见一斑。此外，在甜水井街南口西边，还有一条东西向的街道——西甜水井巷。在老西安人口中，常常将这两条街道称作南北甜水街（甜水井街）和东西甜水街（西甜水井巷）。据《西京快览》记载，西安城内井水有"东北咸苦、西南甘甜"的特点，其中又以西门瓮城甜水井最为有名。这些甜水井使得附近的人们不必遭受咸水之苦,能够喝上相对"甘甜"的井水。在民国时期甚至出现了以贩卖西门瓮城甜水井营生的众多"水车夫",据统计,1947年,西安市全市有"水车夫"523人。这些"水车夫"多为外地人,其中又以河南人居多,抗日战争期间,从沦陷区逃离而来的难民也多以此为生;他们每日清早,推着水车,走街串巷,叫唤着"西门大井甜水",将甘甜的井水送入西安城中的万千人家中,使得更多的西安人喝上"甘甜"的井水。而当时的酒肆茶楼也纷纷打出(所用水为)"西门大井甜水"的招牌招揽顾客。

新中国成立后,自来水逐渐普及,1952年西安市建立自来水厂后,西安人从甜水井中打水喝的历史渐渐远去,而卖水行业也迅速衰落。据统计,1956年水车工会尚有216人,1957年便缩减至135人。随着自来水的普及,每家每户基本都能用上自来水,城区各处水井便陆续被填埋,1958年,卖水这一行业彻底退出舞台,成为历史。

李自成与长乐门

历史谜案

> 一呼百应的李自成起义在诸多因素中仓皇落幕。幸而田见秀的一念良善,保住了无辜的西安城墙,但东门城楼被付之一炬成为历史文物之殇。

大明江山长久欢乐,万年不衰的美好愿望,被寄托在西安城墙的东城门名称里,"长乐门"三个字见证了三百多年明王朝的繁荣鼎盛,也眼见着明末衣衫褴褛的农民越来越多,他们穿过城门,在城里谋生活,又成为城外的流浪者,失去土地,失去亲人,失去尊严,于是,"揭竿而起"的愤怒和绝望替代了盼望长久欢乐的愿景。农民起义一呼百应,声势浩大。长乐门下,一场烈火烹燃出"闯王"李自成率领的农民起义与长乐门的一桩陈年谜案。

明末万历、天启、崇祯三朝,统治集团极端腐朽,土地的兼并和集中达到空前的程度,封建剥削压迫更加残酷。政治黑暗,军队腐败,阶级矛

失修的东门城楼（20世纪60年代）

215

失修的东门城楼（20世纪80年代初）

盾和民族矛盾都十分尖锐激烈，加上连年的自然灾害，使整个社会陷入危机四伏之中。在当时的陕西，饥荒格外严重，已出现"野无青草，十室九空"的局面。而地方官吏不顾人民死活，仍在横征暴敛。于是，各路农民武装云起响应，米脂人李自成率众举起义旗，南征北战，称为"闯将"。崇祯三年（1630）前后，又有张献忠、王顺子、神一元等人领导的起义发生。至此，农民起义的烈火，燃遍了整个陕西（含今甘肃东部和宁夏等地）和山西的西部，起义军大小不下百家，总数达十几万人。

明军在数次惨败之后，军力大为削弱。在此形势下，李自成召集文武要员会议，商讨尔后的作战方针。兵政府从事顾君恩认为："金陵势居下流，虽济大事，其策失之缓；直取京师，万一不胜，退无所归，其策失之急。不如先定关中，建国立业，然后旁掠三边，资其兵力，攻取山西，后向京师，进有可攻，退有所守，方为全策。"李自成采纳了顾君恩的建议，决心将主力转向豫西，准备西入关中。

明将孙传庭退踞陕西后，利用关中天险，固守潼关，伺机反扑。但明朝皇帝不同意他固守关中的方针，命其为兵部尚书，总督陕西、山西、山东、四川、贵州、河南、湖广等七省军务，出兵河南，进踞荆襄，"围剿"起义军。孙传庭不得不放弃原定计划，凑集10万大军，于崇祯十五年（1642）八月出潼关。但由于军情变化，结果形成孤军东进。孙传庭在河南境内遭到李自成起义军的阻击，败退陕西，后又搜集残兵固守潼关，负隅顽抗。李自成分军由南山迂回潼关背后，东西夹击，明军大败，孙传庭战死（一说退至渭南而死）。农民军乘官兵弃阵蜂拥入城之机，尾随而进，顺利占领潼关。

李自成农民军占领潼关后，数十万大军结阵西进，势如破竹，连克华州（今华县）、渭南、临潼。十月十一日，南北两路大军会师西安。冯师孔赶忙部署城防，但明军将弱兵疲，衣食皆缺，军心已经瓦解。十月十二日，农民军发起猛攻，冯师孔战败被俘处斩，守城明将王根子见大势已去，射书要求投降，开东门迎起义军，西安遂破。起义军乘胜迅速夺取了秦陇全境和山西西南部地区，完成了"先定关中"的战略计划。

崇祯十七年（1644）正月，李自成在西安称新顺王，改西安为长安，称西京，农民军建立政权，国号大顺，改元永昌。1643年10月，李自成定都西安后，开始对西安城进行维修和提升。《绥寇纪略》卷九载："（李自成）改西安为长安据秦府为宫，……自成发民夫大修长安城，修壕堑，具楼橹，视前制倍壮丽。"这里是说，李自成定都西安改名为长安，命令军民大修长安城，修护城河，修缮城上建筑等军事设施，使西安比以前更雄伟壮丽。同时，整顿军队，加紧练兵。二月，李自成率大军过黄河，出山西，两路围攻北京。三月十九日攻入北京，推翻了明王朝。

据《绥寇纪略》卷九记载，攻陷北京同年，李自成遭受吴三桂与清军打击，被迫退出北京，逐渐败退撤回西安。农民军的战败引起北京人心惶恐。明降官纷纷南逃，各地官绅地主也纷起反噬。尤其严重的是，起义军的很多将官经不起都市豪华生活的诱惑，鹜声色，贪财货，分据前明大官住宅，

东门瓮城里的民居（20世纪80年代初）

日趋骄奢淫逸，士卒也各怀鬼胎，军心涣散，纪律松弛，形势十分不利。不出所料，潼关早为清军所占，李自成往西安的退路被切断，在清军两路重兵合击下，李自成不得不放弃西安，取道商洛、豫西，转入湖广襄阳。

"自成于十三日出东门至蓝田，……成欲并以爇（爇：燃烧的意思）宫室、市里、防，其已去，见秀殿，曰：'秦人饥，留此米活百姓'止，烧东城一楼。追及自成于商州，曰：'已焚矣'。"

这里是说，1645年正月十三日，李自成放弃西安出走东门时，命大将、泽侯田见秀殿后，命田见秀放火燃烧仓库、宫室、街面、民房。田见秀不忍见秦人挨饿，遂打开粮仓，没有烧西安城，仅焚毁东城一楼，追李自成到商州时复命说西安城已被焚烧了。上述史实虽未明确指出是否是长乐门（东门）城楼被焚毁，但可以据此推测应是此时焚毁东门城楼。

首先，《明史》列传第一百九十七记载"十七年正月庚寅朔，自成称王于西安，僭国号曰大顺，改元永昌，改名自晟。追尊其曾祖以下，加谥号，以李继迁为太祖。设天佑殿大学士。"《绥寇纪略》卷九载："（李自成）改西安为长安据秦府为宫，……自成发民夫大修长安城，修壕堑，具楼橹，视前制倍壮丽。"这里是说，李自成定都西安改名为长安，命令军民大修长安城，修护城河，修缮城上建筑等军事设施，使西安比以前更雄伟壮丽。

东门（20世纪80年代初）

推测长乐门（东门）城楼作为新首都的重要军事设施，理应加以利用或修缮得更好，大概不会无理由地进行肆意破坏。因此，民间相传的"李自成率领起义军途经东门时，看到营建的富丽堂皇的东门城楼，想起那些贫寒交加的穷苦百姓，怒火顿起，一气之下火烧毁了东门城楼。"一说听起来也值得商榷。

其次，"（田见秀）追及自成于商州，曰：'已焚矣。'"说明，田见秀虽然不忍害民，但是又不能置闯王的命令不顾，而在大军从东门撤出后焚烧高耸的城楼，火光冲天，可以使得李自成误以为已经执行命令，达到既复上命又不扰民的效果。当时，东城门有城楼、箭楼、闸楼三座楼，闸楼较小，没有遮挡作用，箭楼较高大在完全可以在外面遮挡城楼，烧城楼好像是在烧西安城，只有烧东门城楼效果比较明显，才能使李自成在远处看见，并相信西安城被烧，田见秀追李自成到商州复命说，西安城已被烧毁。

此外，田见秀既因不忍见秦人饥而不焚仓库，想来也绝不会去焚烧东门一带的民房，证明烧城楼是可能的。

后来，李自成率兵一部退至湖北通山县九宫山时，遭当地武装袭击，不幸身亡，大顺政权遂而瓦解。

清顺治十三年（1656），长乐门城楼得以修复。1936年，震惊中外的"西安事变"前，张学良将军就是在东门城楼上组建教导队和学兵队的。这段经历，为长乐门的城楼印下了光辉的印记。

当盛世太平之时，西安城墙是统治者王权的象征和捍卫者；逢朝代更迭之际，西安城墙便成了被压迫者反抗与泄愤的目标。一呼百应的李自成起义在诸多因素中仓皇落幕。幸而田见秀的一念良善，保住了无辜的西安城墙，但东门城楼被付之一炬成为历史文物之殇。长久欢乐，万年不衰，当下一个盛世到来，"长乐门"重新承载起这样的愿景，看一代又一代的人为之奋斗，盼着实现的那一日。

西南城角
扑朔迷离的城市坐标

> "长安故城,汉唐之所都,皆在高阜;今省城,元至正中建也,移于洼下矣。"

西南城角是西安城墙的一道亮丽的风景,独特的圆形仿佛宣告着它的与众不同,不禁让人充满了遐想。从军事防御角度来看,圆形的城角较方形城角主要有两方面的优点:一是当圆形城角直径与方形城角的对角线长度相当时,圆形城角顶面实际面积较方形大,能够容纳更多的人进行防御;二是圆形城角不存在不利于拐弯的直角,城上守城人员能够快速移动、转动守城器械,及时调整器械攻击方向,从而增强了城角处的火力支援。既然圆形城角有着诸多防御优点,那么西安城墙为何唯

20世纪20年代瑞典学者喜仁龙拍摄的西南城角

独西南城角修为圆角,而不将四个城角均修为圆形城角呢?

相传,明初时城西南角住着一户王姓寻常人家,男主人王林不幸过早离世,留下年轻的媳妇王氏独自带着一个不满周岁的孩子讨生活。这个孩子名为王富,可惜王家却并不富裕。王氏一直守寡,依靠为别人缝缝补补过火,含辛茹苦地将儿子拉扯大。待王富20岁时,王母用尽一生的积蓄替王富讨了一房如花似玉的媳妇,而自己却在儿子办过喜事后终因积劳成疾,一病不起。没曾想新来的媳妇却是蛇蝎心肠,又哭又闹逼着王富和王母分家,可恨那王富忘恩负义,不尽孝道,竟断了王氏的烟火,可怜的王氏活活饿死在病床上。周围的街坊邻居义愤填膺,将王富夫妇状告至官府,

西南城角旧影（20 世纪 80 年代初）

官府将王富夫妻以忤逆罪斩首于王氏坟前。而西南城角也因坊里出了忤逆子而不能砌成代表端方的直角，只能砌成圆角以示耻辱，并在圆角上建一座三层八角形的角楼，告诫后人。

显然，这只是后人附会之说，那么究竟为何唯独西南城角为圆角呢？目前，尚没有直接证据来解答这一问题，纵观此前对此进行研究的文献，学界主要有三种观点，分述如下：

一、唐时所建，长安城皇城四隅修成圆形，外郭城四隅为方形，暗合"天圆地方"的规划理念。事实上，在唐代的城池考古中并未发现圆形角台的城墙，且现在我们知道隋唐长安城的皇城与宫城、外郭城共用北墙，因而将皇城四隅作成圆形角台显然不太可能，这种观点多为学界所弃。

二、元代安西王所建，理由是安西王府城角为半圆形，而临近的西安城墙受其影响，四角在元代改为圆形城角，到明代时，因向东、北扩建城墙而将三个城角拆除建成方形，仅余西南城角仍为圆形角台。

三、明代所建，持这种观点的人多是依据元李好文所著《奉元城图》而言，该图中所绘西安城墙四角均为直角，进而圆形城角的修建一定在元代以后。事实上，这幅示意图应当只是画出了西安城的大致规模，并未精确到城墙形制细节。

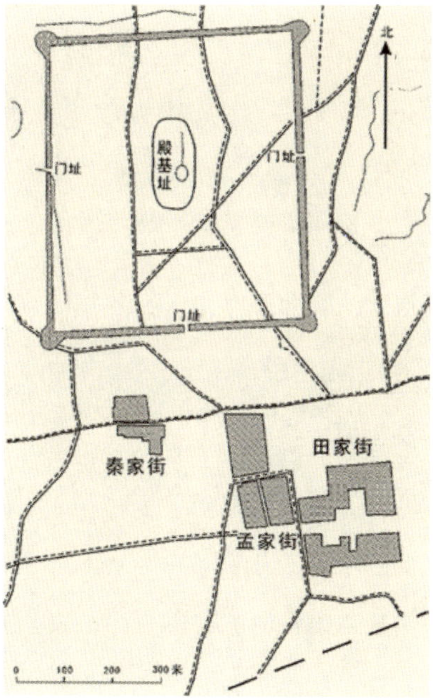

从现有资料来看，西南城角修建于元代的观点是较为可信的。首先在唐代、宋代的城址中并未发现有圆形角台的遗址，据清人刘继庄《广阳杂记》中所言的"长安故城，汉唐之所都，皆在高阜；今省城，元至正中建也，移于洼下矣"，在奉元城东北，即今西安城东北约3千米处，当时还建有一座安西王府城，当地居民称此城为"达王殿"，或叫"斡尔朵"，而据考古勘测可知，"城

元安西王府遗址勘探平面图
（马得志《西安元代安西王府勘查记》）

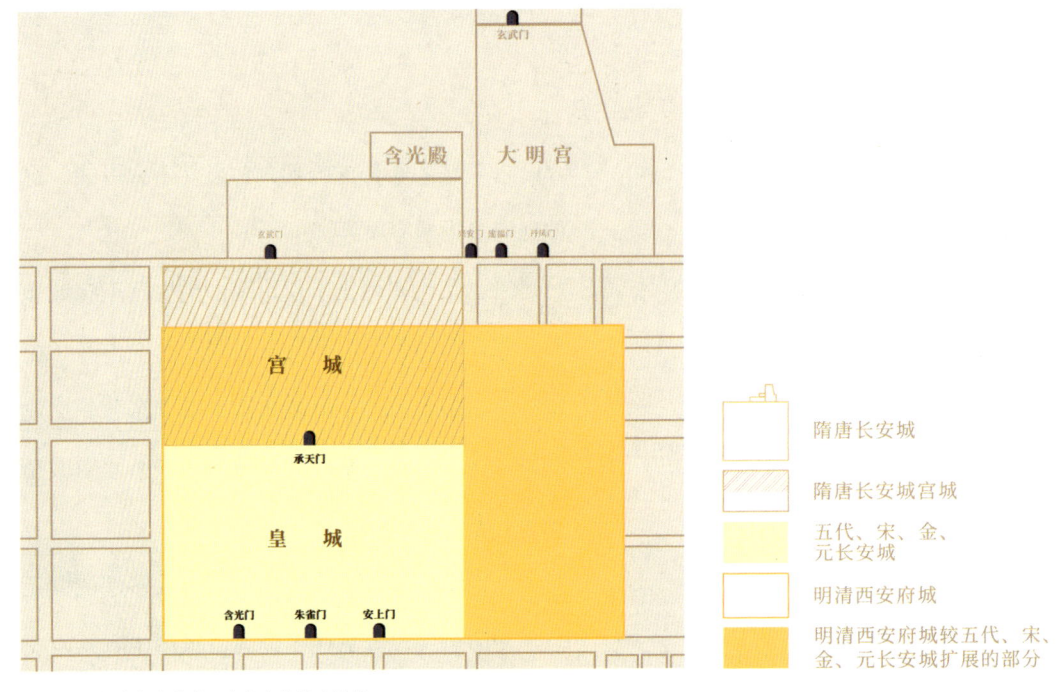

元代以西南城角为基准,向东向北扩建城墙

的四角均向外突出,突出部分的平面近半圆形,直径20～30米,以其形制及附近堆积的砖瓦来看,城的四角可能有角楼一类的建筑"。安西王府角台为圆形,内蒙古的黑城遗址角台亦为圆形。正如学者马得志先生所言,西安城墙的圆角与西安城东边的元代安西王府四角角台形制相似。其次,历任安西王与元代朝廷关系并不好,忙哥剌因有不臣之心而死于非命;他的继任者阿难答因为和元武宗海山争夺帝位失败而被杀;而阿难答的儿子月鲁帖木儿也在至顺三年(1332)因谋反被诛;三任安西王均不得善终,最后连安西城的名字也被改为奉元城。因而为了防范朝廷,加之西安为西北重地,需要面对西北边疆的威胁,将方形城角改为更加利于防御的圆形

西南城角鸟瞰

城角也在情理之中了。

　　从现存西安明城墙来看,西南角为圆形,而其他的三个城角均为近方形。这是因为元末明初西安城的四座城角仍是圆形,而在洪武年间扩建西安城时,以西南角为基准,向东、向北扩建,最后只保留下西南角一处圆

西南城角

角，今城墙的西南角也就是隋唐皇城的西南角，经历五代、宋、元，其位置并未改变。在隋唐长安城及其他唐代城址中，并未发现有圆形城角的城址，由此我们可以推测西安城墙的圆形城角应当是在唐以后改建的。综合来看，最有可能的是在元代所建。

西安城墙的毁与修

薪火相传 守护城墙

战火终将熄灭,和平来之不易。在毁与修之间,西安城墙包含的家国精神,在新时代的晨曦中,愈加闪耀夺目。回顾历史,现存西安城墙是古代城垣防护与皇权的标注;展望今朝,它是新中国成立之后,党和国家无数人研究、讨论,努力保护、修葺,才得以保存的成果。

  西安古城墙,是明代洪武年间在原隋唐长安城皇城墙的遗存上扩建而成的,距今已有六百多年的历史,是目前我国乃至世界上规模最大、保存最完整的古城垣建筑。抚摸西安城墙,虽然那些残酷的战争炮火已经不见踪迹,但城墙曾经经历过的故事,被笔墨书写进历史,被人们口口相传。它已经不只是一座实体建筑,更是一个城市历经战乱洗礼,奋发图强的精神标志。

  进入中国近代史,西安城墙屡遭破坏。1925 年 10 月,吴佩孚东山再起,自任十四省讨贼联军总司令,刘镇华经阎锡山与吴佩孚取得联系,被任命为讨贼联军陕甘总司令。次年初,刘镇华组建一支乌合之众,在当时的陕

1926年反围城之战

西军务督办李云龙（虎臣）和国民第二军第三师师长田玉洁的支持下，队伍迅速发壮大，刘镇华很快编组成一支号称十万人的部队，命名镇嵩军，西向潼关进发，打响了一场围攻西安八个月的残酷战争。在杨虎城、李虎臣部坚持守卫西安，经冯玉祥派部前来支援的情况下，1926年11月27日，刘镇华率其军队败退撤走，西安才得以解围。史称"二虎守长安"。

在攻守西安城的这场战争中，城墙遭受了严重的破坏。作为镇嵩军进攻的重点战场——东关战场，镇嵩军在城外掘地道多处，企图轰炸城墙。杨虎城部的卫队营奉命担任东关防务，在城下挖掘堑壕，专门防御镇嵩军的地道轰炸，镇嵩军几次挖掘地道，都被陕军发觉，予敌以重大打击。同时，在东北城角也发生了激烈交战，镇嵩军在炮兵掩护之下，以敢死队1000余人由东北城角架云梯登城，梯上悬白布赏牌，编有号数，由柴云升署名盖章，并加盖关防，第×号云梯第一名赏洋1000元，第二名赏洋800元，第三名赏洋500元，以鼓励进攻，城上守军仓促应战，短兵相接，战况极其惨烈。1926年10月19日夜，李虎臣部驻守南城门的机枪连，因不慎使南门瓮城箭楼起火，数日不熄，致使明初所建歇山式砖砌通顶高大宏伟的南门箭楼焚毁无存。

一次次的炮火使西安城墙满目疮痍，瓦砾遍地。西安城墙经历了惨烈的西安之围，见证了中国近代史上一次重要的转折"西安事变"，也历数过日军向西安空投的3657枚炸弹。

抗日战争期间，西安作为西北军事重镇和抗日前线有力的后方支援，

为纪念围城时死难的军民，当局修建了革命公园安葬死者，图为杨虎城与军民公祭

成为日军飞机轰炸的重点目标之一。日军肆意轰炸西安城,西安防空司令部组织修筑郊外防空壕近500个,市区防空壕约2300个,有档案和照片显示当时百姓为了躲避轰炸,在城墙内外侧挖掘防空洞约650孔,私人修建的地下防空室就有700余处。

根据当时西京建委会为督促开辟大差市城门以应防空急需的函件显示,因日军飞机轰炸,为便于群众逃出城外,当局拟在城墙上开凿"大差市防空便门",至于是现在哪个城门,目前还难以佐证。据工作人员说,当年在小差市南城墙上开凿"小差市防空便门",据考证1944年后,改名为建国门。

战火终将熄灭,和平来之不易。在毁与修之间,西安城墙包含的家国精神,在新时代的晨曦中,愈加闪耀夺目。回顾历史,现存西安城墙是古代城垣防护与皇权的标注;展望今朝,它是新中国成立之后,党和国家无数人研究、讨论,努力保护、修葺,才得以保存的成果。

如今的西安城墙是西安城市对外宣传的重要名片,可这名片来之不易。在绿荫环绕,护城河水清澈缓流,永宁门上旌旗华彩的宁静平和之下,是曾经因遭严重破坏而支离破碎的断壁残垣;是差点被放弃,被推倒,被拆除的命运;是习仲勋尊重专家意见,倾听群众呼声,在这座古城垣免遭拆除并得以保护中所起的决定性作用的这一段鲜为人知的故事。

1950年,西安在恢复城市建设时,为了加快工业建设,改善交通,提出拆除古城墙的计划。当时,由于长期战乱,西安古城墙遭到严重破坏,

西门瓮城南部城墙海墁（20世纪80年代初）

北马道巷附近西城墙（20世纪80年代初）

西门城楼（20世纪80年代初）

多处坍塌，城砖被人随意搬走。4月7日，习仲勋主持西北军政委员会第三次集体办公会议，把拆除城墙问题列为议题。会议上，在听取了大家的意见后，他认为当时并没有大的工业建设，仅仅为了修理水路，没有必要拆除城墙，强调指出："一动就会乱。"大家赞同他的意见，最后形成决定，不但不能拆除城墙，而且要予以保护。随之，西北军政委员会以彭德怀、习仲勋、张治中的名义发出了《禁止拆运城墙砖石的通令》。这一决定，使西安古城墙逃过一劫。

习仲勋到中央工作后，又先后两次支持保护西安古城墙。

第一次是及时阻止了拆除城墙。1958年，"大跃进"时期，"左"倾冒进之风愈演愈烈。不少人向政府建议拆除西安古城墙。1958年9月24日，中共西安市委向中共陕西省委报送了拆除西安城墙的请示报告。12月25日，西安市人委根据西安市建设局拆除城墙的计划意见书，做出了拆除城墙的决定。之后，城墙垛口的砖几乎被拆尽，南城墙西段外包砖全部被拆走。拆除西安古城墙，引起了很多人特别是一些文物工作者和部分专家学者的关注和不满。历史学家和考古学家、陕西省文化局副局长武伯纶先生和其他文物工作者即向西安市领导反映，要求停止拆除城墙，但没有得到回应。于是，他们以陕西省文物管理委员会的名义，直接发电报给国务院反映情况，恳请国务院领导予以干预。

1959年春夏之交，已担任国务院副总理的习仲勋看到来自西安的电报，认为这几位文物工作者的意见是正确的，保留保护西安古城墙意义重大，遂让办公室致电陕西省和西安市,要求立即停止拆除城墙。此举对保留西安古城墙起到了决定性作用。

1959年7月1日,文化部向国务院提交了《关于建议保护西安城墙的报告》。1959年7月22日,国务院发出《关于保护西安城墙的通知》。1961年3月4日,经国务院批准,西安古城墙被列为第一批全国重点文物保护单位。

第二次是进一步保护西安古城墙。

1981年11月22日,新华社《国内动态清样》第二八五二期刊载了新华社记者卜昭文撰写的《我国唯一的一座完整的封建古城垣遇到严重破坏》一文,反映西安古城墙遭受破坏的情况。国家文物事业管理局按照习仲勋的批示,于1981年12月31日形成了《请加强西安城墙保护工作的意见》,致函陕西省人民政府,提出三项措施。1982年8月20日,西安市人民政府发布了《关于保护西安城墙的通告》。1983年2月,西安环城建设委员会成立,西安古城墙的保护工作从此走上正轨。

1983年以后,按照时任中共陕西省委第一书记马文瑞和历届省市主要领导的要求,陕西省和西安市人民政府对西安古城墙进行大规模修缮,清理了占用瓮城的单位和居民,修复了东门、北门箭楼,补建了南门闸楼、吊桥,并建成环城公园,从而使这座当今世界上保留最完整的古城墙重放光彩,城墙和护城河、环城公园、环城路四位一体,成为西安一大旅游景观。

20世纪80年代末和90年代初,西安环城建设委员会的负责人先后

疏浚护城河（20世纪80年代初）

大修城墙（20世纪80年代初）

两次看望习仲勋，向他汇报西安古城墙的保护和建设情况。当时西安古城墙除了西安火车站广场处没有修补连接外，其余全部整修完毕。习仲勋非常高兴，要看望他的负责人代他向战斗在一线的文物工作者问好，鼓励文物工作者继续做好城墙的保护工作。他说："城市的历史要延续下去，应该留下一些历史符号，没有实实在在的东西就是空的。中国是文明古国，一定要把老祖先留下的东西保护好，不然人家外国人不相信你是文明古国，因为你没有实物。把这个事情做好了，也可以对人民群众进行历史主义和爱国主义教育，给子孙们留下教育的实物。要把剩下的那些豁口都连起来，不连起来就不算完整，连起来才能叫完整的城墙，再过两百年也是文物嘛！"

2004年12月，西安古城墙最后一个豁口即西安火车站广场处通过桥型城墙连接起来，这为所有关心和保护西安城墙的政府官员、知识分子、普通百姓交上了一份圆满的答卷。

文物保护精神，薪火相传。扬尽历史风沙，散去战火硝烟，西安城墙在兴建与坍塌之间，在修复与拆毁之间，得以犹存遗址，传承未绝。它成为中国独一无二，世界罕见的一个城市同时保存多个朝代的城墙遗址。这不是一人之功，这是诸多希望城墙历史文化意义得以传承，希望城墙成为西安乃至中国一个特有文物标识的有识之士共同努力的结果。

读史以明鉴，读西安城墙，得见千年历史风华，唤醒城市历史记忆，缅怀先烈们为和平做出的牺牲，铭记党和国家以及诸多历史学家、文物管理者、文化学者、广大市民为保护城墙做出的支持和贡献。西安城墙古朴厚重的姿态，与现代的钢筋水泥融为一体，滋养出朴实雄浑、开拓奋进的西安城市精神，在古今交融中，为国家文物保护工作贡献西安力量，与西安人民共同守护城市焕发新的生机，奋力谱写西安新时代追赶超越新篇章。

隋—民国时期西安城墙的修缮与毁坏

隋（581—618）

开皇二年（582）
隋文帝下诏，于龙首原辟建新都，名大兴城，宇文恺受命为总设计师。大兴城面积约80平方千米，由宫城、皇城、郭城三重城垣组成，这是西安城墙最早的历史起源。隋文帝始令宇文恺营造新都，史称大兴城。其保留的皇城部分墙体仍然夹包于今西安明城墙的南墙、西墙内部。

大业三年（607）
隋炀帝征发10万人修筑大兴外郭城墙，3年后全部完工。

唐（618—907）

武德元年（618）
唐改大兴城为长安城，进行较大规模的都城扩建。今西安城墙西南部分沿袭了隋唐皇城基本建制和夯土基础，验证了西安城墙源于隋唐的历史。

永徽五年（654）
工部尚书阎立德率4万人修筑长安外郭城墙。10月，雍京兆4.1万人修筑外郭城墙，并在9座城门上建起楼观。

开元十八年（730）
筑长安外郭城墙。

开元二十年（732）
沿外郭城东段外侧筑夹城，由兴庆宫通到城南曲江芙蓉园。

元和二年（807）
筑大明宫东、西、北三面防御夹城。

天复四年（904）
朱温毁亡长安。皇城、宫城遭到严重破坏。后由韩建重建新城、面积缩小为约6.2平方千米，史称"韩建新城"，这是后来西安城墙的雏形。

五代、宋、金、元
（907—1368）

后汉高祖乾祐元年（948）
赵思绾修缮西安城墙，构筑楼堞。时年西安称京兆府。

北宋大中祥符七年（1014）
知永兴军陈尧咨疏浚龙首渠，引水入城并灌注护城河。

南宋建炎二年（1128）
因地震，西安城墙部分崩塌。

南宋景定五年（1264）
陕西行省平章赛典赤·赡思丁等人曾多次疏浚龙首渠，引水入城、贯通府城东西、西注入城壕。

明（1368—1644）

洪武三年（1370）

为了加强西北军事防御和准备秦王朱樉就藩，明太祖朱元璋决定扩建增修西安城墙，新扩之城呈横长方形，面积约11.5平方千米，形成了今日西安城墙的形制与规模。

嘉靖五年（1526）

陕西巡抚王荩重修了西安城垣和城楼。

隆庆二年（1568）

御史张祉主持修城，这是西安历史上的第一次大整修。"此陕城者，由唐而来，历经五代、宋、元乃我朝重七百年间未有甓以砖者"，说明此时的城墙仍是土墙。因此，前十余年关中大地震，毁坏了多处城垣和大部分城墙设施，正如布政使曹金《修城记》中所说："其历历年滋久，催以频岁地震，楼宇台堕，颓敝殆尽。"据记载，这次修城共耗费银两25800余两，用砖近60万块，动用大量人力，用了62天时间，仅仅只是使"东南一隅屹然金汤"，同时深挖了护城河，恢复了城墙上的建筑，并对墙外壁及顶部砌砖，经过这次对城墙外壁和顶面的大规模砖面加固，西安城墙由明初以来近200年的土城墙变为坚固的外砖内土的崭新面貌。

崇祯九年（1636）

巡抚孙传庭修筑了四关郭城，它是护城河外侧拱卫四城门的四个夯筑土城。四关城墙中心通道上各建有闸楼一座，从而形成了"城三重，楼三重"的形制（城楼、箭楼、闸楼和砖城、瓮城、大城）。四关郭城的修建，大体上固定了西安城的规模和外貌。

崇祯十六年（1643）

李自成起义军进攻西安城，守城的王根子怯于起义军的威力，开东门迎降，李自成进驻西安城后，改西安为长安，称西京，改国号"大顺"，征发百姓大修城池，使西安城墙比以往更加壮观。后经历代多次修补加固，西安城墙的建制及风格大体上完整地保存下来，成为我国现存规模最大，格局最完整的古城垣。

明代修建的城墙附属建筑

洪武十三年（1380）

新建鼓楼。

洪武十七年（1384）

新建了钟楼。

万历十年（1582）

因西安城垣已向东、向北扩展，城市的中心东移，陕西巡抚龚懋贤下令长安、咸宁两县，把原来建于鼓楼西边（今北广济街东侧）的钟楼拆迁到十字大街的中心，也就是今天钟鼓楼所在的位置，从而形成了东西南北四条大街以钟楼为中心，向四面辐射的格局。

万历四十七年（1619）

陕西左布政使高公，经过两年时间，在西安城墙南城垣的东南段，修建了一座高16.3米，用于祭祀主宰文运之神"魁星"的魁星楼。

清（1636—1911）

顺治六年（1649）

清朝在西安建立地方政府，并开始在明秦王府的基础上修建满城。清贵族居住于内，使其成为内城。满城的情况，据康熙刊本《西安府志·建置》卷九记载："周九里，共五门，东曰长乐，西南因钟楼，西北曰新城，南曰端礼，西曰西华"。满城的范围由今钟楼沿北大街的东边到北门，由钟楼沿今东大街的南边到东门，另修城墙把占全城四分之一多的区域划作驻防城，通称满城。秦王府亦包括在内，为满族军官跑马演武的校场。

顺治十三年（1656）

陕西巡抚陈极新在地方筹资，开始修补城墙，并恢复明末李自成攻占西安城时被毁的东门城楼和南门箭楼。

康熙元年（1662）

陕甘总督白如梅、陕西巡抚贾汉开始修葺城墙，并对部分裂断处进行补修。

康熙三十八年（1699）

西安府咸宁知县董宏彪主持修缮四门瓮城及鼓楼。

乾隆三年（1738）

陕西巡抚崔纪行开始补修城墙，并首次引龙首渠、通济渠水注入护城河。

乾隆二十八年（1763）

陕西巡抚鄂弼继奏请朝廷补修西安城墙，清政府拨白银一万八千零九十四两维修西安城墙和城河（见《续修陕西通志稿》《咸宁县志》《长安县志》）。

乾隆四十六年（1781）

青海、甘肃一带民族矛盾骤起，波及西北和河南、山西部分地区。当时曾几度兵临城下，但却未能攻破西安城。为此，陕西巡抚毕沅对西安城墙进行了大规模维修。据《续修陕西通志拾遗》卷二百"毕沅奏报"云："（西安城）历年久远，城身多鼓裂，垛堞亦间断残损，至四门券洞及城楼、角楼等处大半（曹少）旧倾倒，日见塌卸。若不加修治，将来倒塌，工费更属不赀。况

毕沅，江苏太仓人，字秋帆，号灵岩山人。清乾隆进士，曾任陕西巡抚、湖广总督等职。他治学范围较广，不仅精通金石文墨，而且深谙城防的营住军备，曾对《墨子·城守》十一篇做过详细校注。这次西安城墙维修，掀起了全国范围内大维修城垣的高潮（见《新修大清会典事例》）。据《续修陕西通志稿》记："西安省城日久颓圮陊剥，而伊犁回部，西藏各外藩朝贡所经清帑兴修，用银一百六十万八千余两，计城高三丈六尺，厚四丈七尺，四门东长乐、西安定、南永宁、北安远，又以城河与龙首、通济三渠相资。加深四尺、广六丈、底广三丈。门楼三重，正楼、箭楼、炮楼自内而外，东南魁星楼，卡房九十、垛口五千七百及四角楼皆如旧制。""毕沅奏报"中称："其外皮地角鱼灰土围屏石暨成砌墙，身并砖，后素土如法筑打，裹皮跨板，素土逐层夯筑坚实，铲削拍平。安砌水沟，城顶海墁筑打，素土一餐、灰土一餐其排垛，宋墙俱如式砌墁"。这次大规模的筑城活动，大大地加固了西安城墙。所修城墙墙体、城上建筑设施及四门瓮城等大部分都保留至今。

西安都会要区，必须固若金汤，始足以壮瞻而资守御。"这次维修时继明隆庆二年（1568）大修西安城二百多年以后的又一次全面维修。

咸丰七年（1857）

陕西巡抚曾望颜为防止太平军西进，曾对各城楼、敌楼、角楼进行补修（见《左文襄奏稿及访册》）。

同治四年（1865）

督办西征粮台学士袁保恒再次补修城垣及城上设施一百二十处。

同治八年（1869）

又开郭城、新稍门，在郭城修筑郭楼，从而使西安免遭兵戎之灾。

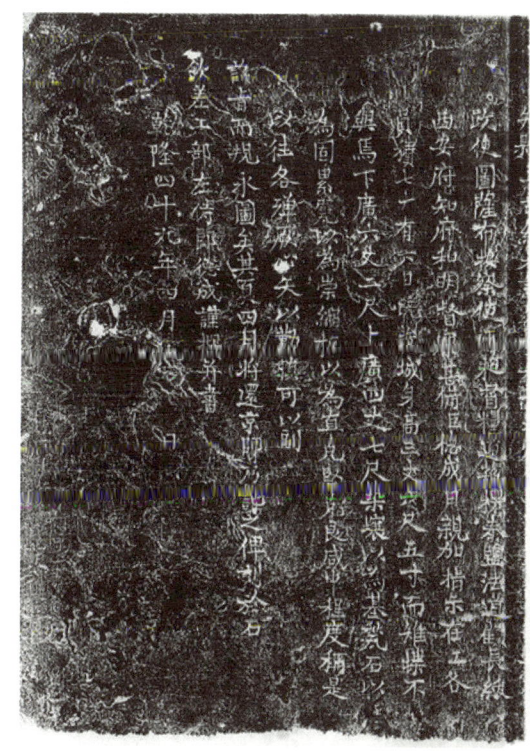
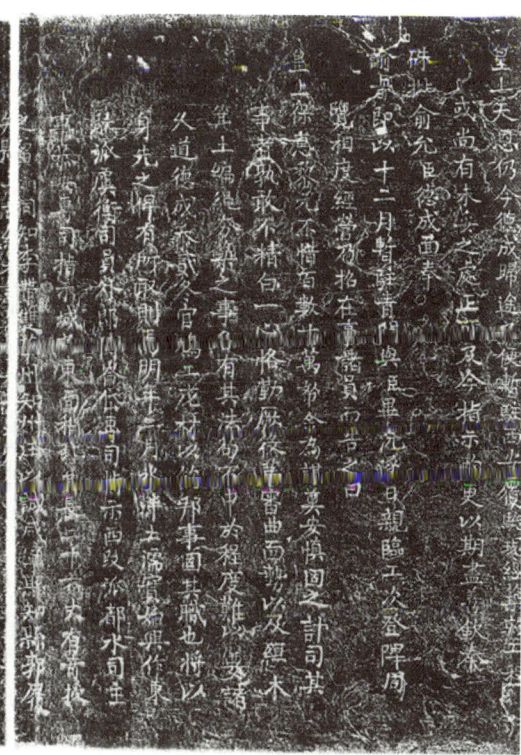

《乾隆四十九年维修西安城墙记》

政令性保护措施

清代不仅重视对西安城墙的维修，同时，还十分重视日常的维护工作，采取过许多保护措施。其政令性保护就是重要措施之一。目前，从《续修陕西通志稿》中还可看到部分内容。全国范围内对城墙的保护规定有：

● 清代对"直省城垣所在修理之事，责之督、抚、州、县官吏。倾圮者有罚、修葺者有奖"。康熙七年（1668）时，城垣的官员被罚六月年薪。雍正五年（1727）时，曾给予及时保护城墙的官员以表彰和奖励。

● 雍正时，"城垣修筑，多用库帑开支，保固有年限，交代须保结"。雍正九年（1731）以后，较大规模的城垣修缮，由国库开支。乾隆三十二年（1767）至嘉庆年间，对城墙的日常保护都有一定的经费。

● 乾隆三十三年（1768），又规定城垣顶部需海墁砖砌，使雨水不能下渗城身，里面添设墙宇，安砌水沟，使水顺流而下。

● 嘉庆十一年（1806），和今天的"责任落实到人"要求相似，清嘉庆朝按照城门分段派专兵把守管理，每段制作钉牌，钉牌上标明该段由哪一个门的卡兵专门管理。由政府统一铸成斧、箕、担各一具，命令各段的卡兵随时照管。如果发现城墙的外皮、女墙、垛口、墩台等处长出了荆棘，就用这些工具进行除草。如有懈怠，立刻斥责并革职。对勤勉守城的兵丁则给予嘉奖提拔。嘉靖十八年（1813），朝廷批准了各省的城墙如果必须用砖砌起外皮的，应该由该省督抚专门上奏折奏明，才能办理。这也说明，那个时候朝廷三令五申地保护城墙，是未雨绸缪之举。

光绪十九年（1893）

陕西布政使司府，用近代技术对西安城墙进行实测。这就是《长安咸宁两县续志》中的"西安城图"，图中比较详细地标出了西安墙的方位和具体形制。

光绪二十一年（1895）

民族矛盾又起，并威胁西安。西安乡绅冠卓等人檄市民捐资加固补修西安城墙，使西安免遭兵祸。这是清朝最后一次对西安城墙的维修。

中华民国（1912—1949）

1912年
张凤翙督陕，拆除了满城外城的南城墙与西城墙，重新恢复和修筑了城内东大街与北大街。

1926年
"镇嵩军"首领刘镇华攻占西安城，杨虎城、李虎臣、冯玉祥部队击退"镇嵩军"，解西安之围。南门箭楼在此战火中损毁。

1937年
抗日战争全面爆发。西安作为抗战大后方，发挥着重要的历史作用，西安城墙南段因挖掘防空洞造成部分塌陷。

1939年至1940年
日本侵略军对西安狂轰滥炸，西安当局组织群众在城墙四周挖防空洞穴达1900多个，西安城墙遭到最为严重的破坏。

1926年至1946年
为满足城市交通需要，西安先后在城墙上开辟中山门、玉祥门、解放门、朝阳门等门洞。

1947年
胡宗南为了在西安地区修城防工事，把城墙上许多城砖拆除作为修筑工事的材料，致使城墙的夯土层裸露，造成部分城墙坍塌。

1911年至1949年西安城墙重要设施损坏简表

名称	时间及原因	备注
北门城楼（一座）	1911年10月10日，武昌起义，10月22日陕西响应，起义军攻"满城"，在交战炮火中，北门城楼被焚毁	
南门城楼（一座）	1926年刘镇华围困西安八个月之久，其间不断用枪炮轰击城墙时被毁	
关楼（五座）	20世纪初被拆除	
吊桥（四座）	设置在城门护城河上的桥，叫"吊桥"，亦称"钩桥"。四门吊桥，20世纪初被拆除	东门吊桥在闸楼与关城城楼之间的围墙内
角楼（四座）	20世纪初被毁或拆除	唯西南隅为三层圆形关楼
敌楼（九十八座）	原每墩台上建一敌楼，供瞭望和防守士兵驻扎，20世纪初被拆除	
魁星楼（一座）	20世纪初被拆除	1983年，大修城墙时，仅有台基
登城马道	原西安城墙有六处登城马道，20世纪上半叶毁掉两处	西门开拓盘道时将登城道改筑在瓮城内
南门羊马城	1939年被拆除	

新中国成立后

1949年2月9日
因城墙多处防空洞有居民居住并随意取土,西安市政府下令严禁居民居住及取用城墙土。

1949年5月20日
西安城宣告解放,解放军受到了群众的热烈欢迎。在解放西安的战斗中,部队命令攻城不许用炸药的英明决策,为保护鼓楼、钟楼、古城墙等西安具有标志性的古代历史遗存,起到关键作用。

1950年
西安曾经提出拆除古城墙的计划。4月7日,习仲勋主持西北军政委员会第三次集体办公会议时决定,不但不能拆除城墙,而且要予以保护。

1952年
西安城墙解放门因扩建火车站广场而拆除,成为西安城墙一豁口,2004年重新连接,使西安城墙全线贯通。

1958年
全国多地掀起拆除旧城墙的风潮,西安城墙危在旦夕,时任国务院总理的习仲勋要求立即停止拆除城墙,此举对保留西安古城墙起到了决定性作用。

1961年3月4日
经国务院批准,西安古城墙被列为第一批全国重点文物保护单位。

1982年10月22日
西安市1.6万名军民参加义务劳动,修建环城公园。

1983年4月1日
西安市环城建设工程举行开工典礼。省、市领导和义务劳动大军一起劳动、破土动工。环城建设工程包括维修城墙、整治城河、改造环城林、打通环城路四大项目。

1984年6月20日
西安城墙东城门楼修复工程开工。

1989年12月29日
唐长安城含光门遗址保护主体工程完工。

1990年12月31日
西安城墙南门吊桥、闸楼、羊马城修缮工程全面完成。

2002年6月
《西安历史文化名城保护条例》获准实施,西安这座有3100多年建城史的历史文化名城的保护工作,由此步入了法治化、规范化的轨道。

2004年12月26日
西安城墙火车站段实现顺利合龙。

2006年12月15日
西安城墙与南京城墙等被列入《中国世界文化遗产预备名单》。

2008年9月26日
西安唐皇城墙含光门遗址博物馆建成开馆。

2009年11月1日
由西安市人大审议通过、经陕西省人大批准通过的《西安城墙保护条例》正式颁布实施。